Helmut Metzger

„Noch Ebbes"

Noch Ebbes

von Helmut Metzger

*Ein heiteres Versbuch
in Pfälzer Mundart*

Badenia Verlag Karlsruhe

Copyright 1978 by Badenia Verlag GmbH, Karlsruhe
Alle Rechte vorbehalten. Printed in Germany
Herstellung:
Badenia Verlag und Druckerei GmbH, Karlsruhe
ISBN 3 7617 0144 6

Liebe Leser!

Viele von Ihnen kennen mein Versbuch „EBBES". Die Nachfrage nach ihm war größer, als die Auflage, so daß es heute längst vergriffen ist. Mittlerweile haben viele neue Gedanken den Weg über den Kugelschreiber zum Papier gefunden. Damit möchte ich das vergriffene Buch fortsetzen und ergänzen. Nach „EBBES" kann das neue Bändchen nur den Titel erhalten „NOCH EBBES".

Damit aber diejenigen Freunde, die den Begriff „EBBES" noch nicht kennen, nicht zu kurz kommen, wiederhole ich nachstehend die Erklärung, was man in der „Palz" unter „Ebbes" versteht:

„Ebbes"? Ja des is halt Ebbes! Aus „Ebbes", do kann mer ebbes mache! Wann 'n junger Borsch heirate will, dann muß er sich ebbes suche: E Mädche, wu ebbes hot un wu ebbes kann un wu ebbes mitbringt! Wann er dann so ebbes gfunne hot, dann hot er „Ebbes"! Ebbes for's Herz, ebbes for's Gemüt, ebbes for's ganze Lewe!

Dann werd die Hochzisch gfeiert. Un die derf aa ebbes koschte, domit mer sieht, daß aa ebbes deheem is! Dann mer wäß jo: Do wu ebbes is, kummt gewähnlich noch ebbes dezu!

Dann geht mer uff die Hochzischrääs. Do sieht mer ebbes, do erlebt mer ebbes, do kann mer ebbes kaafe un darum aa ebbes mitbringe!

Un die Zeit geht weiter! Uff eemol erwartet mer ebbes. Die Nochberschaft hot nadierlich längscht ebbes gemerkt un pischbert: „Ich glaab, die kriegen schun ebbes! Ja ich glaab, die hen schun

ebbes!" Schließlich kriegen se wärklich ebbes un dann hen se tatsächlich ebbes! Awer des gibt dann ebbes:
Wann der Bu im Bettche liggt un greint, dann fehlt 'm ebbes. Wann er Hunger hot, dann kriegt er ebbes. Un wann er trotzdem weiter greint, dann fehlt 'm ebbes anneres, dann fehlt 'm wärklich ebbes! Vielleicht hot er aa bloß ebbes gemacht!
Wann des Bu'che dann greeßer is, dann kummt's in die Schul, daß es aa ebbes lernt. Un wann de Herr Lehrer ebbes frogt un 's wäß ebbes nit, dann kriegt's ebbes uff die Finger odder gar ebbes hinnedruff!
Kummt der Bu dann aus de Schul, dut mer'n in die Lehr, daß er aa ebbes lernt un ebbes kann un ebbes versteht un ebbes verdient — un wann er speeter 'n alter Mann is, daß er noch ebbes zu lewe un ebbes zu beiße hot!
's gibt Leit, die meenen, sie wißten ebbes, sie kennten ebbes un sie wären ebbes! Am beschte awer is es, wann mer do hinne im Geldbeitel ebbes drin hot!

Mer heben's Glas un sin kee Debbes,
'n guter Schluck is aa schun ebbes!

In diesem Sinne zum Wohl mit „Noch Ebbes"!

HELMUT METZGER

Ebbes
iwer uns un annere Leit

Unser Bobbel

Ich hab en Grund for froh ze sei(n)!
Mer hen en helle Sunneschei(n)
Im Haisel. Welles Glick uns blieht?
Mer hen e klennes Bobbel grieht!
Kee äägnes meh — was denk' ner norre —,
O nee, ich bin en Oba worre!
E Glick — un trotzdem dut's mich strofe:
Ich muß jetzt bei re Oma schlofe!

Do drin im Bettche seh'n ehr's ligge.
Ich hock devor, vertreib die Micke.
Die Jingscht — de Ältscht vun unsrer Sipp;
De Oba vor de Kinnerkripp.
Wer hett des mol geglaabt, ehr Leit?
Ja ja, so ännert sich die Zeit!

Herrjeh es des e klennes Krottche!
Sie häßt nit Lies'che odder Lottche,
So wie se friehr hen ghäße als,
Die klenne Mädcher in de Palz.
Nee, unser liewer goldischer Stern,
Der häßt „Simone", ganz modern.
Modern is aa e anres Braichel:
Des Kind liggt meischdens uff em Baichel.
Dodorch werd's Kreizel stark un grad
Hot die Fraa Kinnerdokdern gsat.
Wer hett des mol geglaabt, ehr Leit?
Ja ja, so ännert sich die Zeit!

Vun A(n)fang a(n) war's zart un glatt;
Hot kee verkrumbelt Gsichtel ghat,
Wie anre Kinner in de Stroß.
Un Guckelcher hot's kerschegroß,
Mit lange, schwarze Aachewimpre.
Mit denne kann's schun richdisch klimpre!

Wer zu Besuch kummt, ruft: „Wie schee!
Wem dut se ähnlich seh, die Klee?"
Grad geschdern segt e Nochbersfraa:
„Sie is de Vadder ganz genaa!"
Doch wann se brutscht, segt 's ganze Haus:
„Jetzt sieht se wie ehr Oma aus!"
Bloß wann se trinkt, sa'n alle Blicke:
Die kann schun wie ehrn Oba schlicke!

Die ganz Zeit — ich will's offenbare —
Hab ich am liebschde Audo gfahre.
Doch jetzert — kens soll driwer lache —
Fahr ich am liebschde Kinnerwache!

Wer hett des mol geglaabt, ehr Leit?
Ja ja, so ännert sich die Zeit!

Un wann ich dann die Klee betracht,
Wie se im Wäggel liggt un lacht,
Do denk ich als bei mer gewähnlich:
Un sie sieht doch em Oba ähnlich!

's Hütche

Ich hab e Hütche; 's is nit nei,
Nit modisch, nooch em „letschte Schrei".
Im Gegedäl: 's is alt, verdrickt,
Is abgegriffe un schun gflickt,
Is speckisch un am Band geneht;
Doch zieh ich's uff, so oft, wie's geht.

Des Hütche hot vor Johr un Dage
Mein Vadder selig schun getrage.
Wie ich als Knirps im Johr, im dritte,
Uff seine Schultre bin geritte;
Wie mer als in de Wald sin gange,
Zum Drachefels, den Weg, den lange,
Un wie er dann dorch's Farnkraut steigt,
Mir Pilze un die Veggel zeigt.
Ich heer en noch vum Specht verzehle
Un vun de Fichs in ehre Hehle.
Sein Hut — dort aa schun nimmi nei —,
Den hot er uffghat als debei!

War ich als brav, ich wäß noch gut,
Hot mir de Vadder dann de Hut
Zum Lohn als uff mei(n) Köppche gsetzt.
Wie bin ich do gar stolz gewetzt
Wie so en klenner Gernegroß
Mit Stock un Hut dorch unser Stroß!

Hab ich was a(n)gstellt ghat — o mei(n) —,
Un mei(n) Gewisse war nit rei(n):
Een Blick zum Vadder hot geniegt!
Hot sich sein Hut im Gnick gewiegt,

Dann war's als for mich Sindegrutze
Gar heegschdi Zeit, die Platt ze butze!

Wie ich dann aus de Schul bin kumme,
Hot mich de Vadder mitgenumme
Zum Frieh- un Dämmerschobbe jetzt.
Do hen mer manches Glas gepetzt!
Un wollt ich als mol wisse gar,
Ob's schun ball Zeit zum Heemgeh war,
Dann hab ich nit lang rumgedruckst;
Hab bloß uff's Hütche schnell geluchst,
Wie'n Wetterfrosch beim Kalmit-Turm:
Sitzt's noch uff „Bris"? Hockt's schun uff „Sturm"?
Ja 's Hütche, des hot garandiert
Jed Verdel eenzeln regischtriert!

Dot ist mein Vadder langi Zeit.
Sei(n) Hütche is mei(n) Hütche heit.
Im Schrank liggt mancher neier Hut.
Doch kenner gfallt mer halb so gut,
Als wie sell Hütche, alt, verdrickt,
Reich mit Erinnerunge gspickt!

Un noch was: Seit der Zeit, der alte,
Hot's trei sei(n) Eigenschaft behalte
Un zeigt, wie so en Wetterhah(n),
Je nooch seim Sitz, mei(n) Stimmung a(n)!
Renn ich als manchmol rum im Haus
Un kenn mich in mer selbscht nit aus,
Dann nemmt mich oft mei(n) Fraa beim Wickel
Un schleppt mich vor de negschde Spiggel:

11

„Do guck mol nei(n), du wildi Seel,
Dein Hut hockt widder ‚uff Krageel'!"
Een Blick — un ich kumm uff mei(n) Schlich;
Schieb's Hütche grad — un besser mich!

Wann eens mei(n) Hütche hawe wollt,
Ich häb's nit her for Geld un Gold!

Wäscht noch?

Wäscht noch vor verzisch Johr un meh?
Wie war's mit uns zwä do so schee!
Do sin mer in die Danzstunn gange.
Un heemzus dann der Weg, der lange!
Die wacklisch Bank dort am Gebisch
Un niemand, als wie du un ich!
Ja ja, vor verzisch Johr un meh,
Wie war's mit uns zwä do so schee!

Wäscht noch vor dreißisch Johr un meh?
Do war die Zeit zwar nimmi schee.
De Krieg verlore, ab un schlapp,
Zwä Kinnercher un 's Esse knapp.
Doch mer hen iwerlebt un „gschalte"!
Mer hen uns iwer Wasser ghalte
Un zeigen dere Zeit die Zäh!
Je, mer hen's gschafft — un des war schee!

Wäscht noch vor zwanzisch Johr un meh?
Do war dann 's Lewe widder schee!
Mer hen gebaut am schenschte Eck;
Die Kinner waren aus em Dreck
Un kummen in die Owerschul;
Un dir un mir war's widder wuhl!
Ken Grund zum Klage meh — o nee!
Vor zwanzisch Johr war's widder schee!

Un heit? Sag Mamme, is' nit schee?
Kee Schulde uff em Haisel meh!

Die Kinner sin versorgt schun lang;
Drei Enkelcher — uns is' nit bang!
Zwar bin ich bissel schun „lädiert",
Doch dofor werr ich pensioniert;
De Wei(n) schmeckt noch, was willscht noch meh?
Sag doch mol selbscht, is des nit schee?

De junge un de alte Fritz

Was war de gute Nochber Fritz
So frei un froh als junger Spitz!
Heit — sticker verzisch Johr deno —
Do is er zwar noch immer froh;
Doch merkt er trotz seim Mutterwitz:
Jetzt is er ball de „alte" Fritz!

Beim Schaffe hot er als gewiehlt;
Un sunndags hot er Fußball gspielt,
Is gschwumme flink, grad wie en Dorsch;
Bääm hot er ausgeriß, der Borsch;
Leichtfießig war er, wie e Kitz
Vor verzisch Johr — de junge Fritz!

Heit is em 's allerliebscht sei(n) Ruh.
Beim Fußball guckt er bloß noch zu.
Statt schwimme dut er mit de Hannche,
Seim Enkelkind, als bloß noch plansche.
Un geht's bergnuff, braucht er e Stitz
No verzisch Johr — de alte Fritz!

Nie hot der Fritz gewißt, de jung,
Daß er e Herz hot un e Lung
Un daß mer — wann de Disch gedeckt —
Nit alles esse derf, was schmeckt.
Nie braucht er als e Doktersspritz
Vor verzisch Johr — de junge Fritz!

Heit sin sei(n) Bee(n) als schlecht dorchblut
Un aa die Bumb geht nimmi gut.

Sodbrenne steit em in de Hals,
Ißt er zu sieß un sauer als.
Un 's Kreiz is schepp un nix meh nitz
No verzisch Johr — beim alte Fritz!

Blond warn sei(n) Hoor un schee gewellt;
Un hot er uff die Woog sich gstellt,
Dann hot er rank und schlank als glatt
Grad finfesechzig Kilo ghat.
Ja, Kalorije warn en Witz
Vor verzisch Johr — beim junge Fritz!

Heit geht sei(n) Stern bis hinne hie.
(Er will kee Tupeh driwerzieh!)
Trotz Eß-Tabell un trotz Diät
Platzt ball de A(n)zug aus de Näht!
Er nimmt selbscht zu vun Beereschnitz
No verzisch Johr — de alte Fritz!

Er hot getrunke, unser Borscht,
Dann junge Leit, die hen halt Dorscht.
Gedenkt hen die nit viel, die Leit;
Wei(n) war e Selbschtverständlichkeit.
Vertrage hot der dort e Stitz
Vor verzisch Johr — de junge Fritz!

Heit trinkt er noch sei(n) Schöbbel Wei(n).
Doch saufe? Nee, des loßt er sei(n).
Dann er is dankbar, unser Mann,
Daß er noch zwä, drei leppre kann.
Die helfen un sin noch was nitz
No verzisch Johr — beim alte Fritz!

Am Stammtisch
(Eine wahre Geschichte)

Heit sitz ich in de Stammdischreih,
Mei(n) Stammdischbrieder all debei;
Un außerdem zwä neie Gäscht.
Des sin kee Pälzer, stell ich fescht.
De ee(n) kummt vun de Waterkant,
De anner vum Franzoseland.
Zwä prima Mannsleit sin's, leschär;
Un trinke kenn die, grad wie mer!
Een Fehler hen se — 's dut mer läd —:
Sie kenn kee Pälzisch, alle bäd!

Mei(n) Stammdischbrieder, Mann for Mann,
Die wissen, daß ich reime kann
Un Pälzer Sprich als reiß voll Knuff.
Drum sa'n se: „Schorsch, mach eener druff!"
Un weil ich heit — un nit zu knapp —
Was neies grad uff Lager hab,
Do leg ich los mit Pälzer Bosse!
Vor Lache geht's ball in die Hosse!
Bloß vun de Gäscht lacht kenner mit.
Kee Wunner: Die verstehn mich nit!

Do sat der vun de Waterkant:
„Kommt, übersetzt doch mal galant!
Wenn Leut am Tisch hier Witze machen,
Da wollen schließlich alle lachen!"
„Gut!" dut de Fritz sein Schnawel wetze,
„Ich du's uff hochdeitsch iwersetze!"
„Un ich", meent's Philpche — gscheit wie viere —
„Du's uff franzeesisch ‚rebediere‘!"

17

Vun do ab geht's jetzt simultan
Wie bei de UNO, schee no Plan!
Ich hab mei(n) Pälzer Sprich gemacht;
Druff hen die Pälzer all gelacht.
Dann werd's uff hochdeitsch iwersetzt;
Der vun de Waterkant lacht jetzt.
Un wie der schließlich ausgejohlt,
Werd's uff franzeesisch wiederholt!
So werd am Stammdisch in der Nacht
Uff jeden Witz dreimol gelacht:
In pälzisch, hochdeitsch un franzeesisch!
Des war mein schenschder Stammdisch, wäß ich!

Doch mit de UNO ehrm „Ladein"
Hot er nit arisch viel gemein.
Dann dort werd — wann ich's recht betracht —
Meischt viel zu wennisch als gelacht!

's Hämwehglässel

Was nitzt mich all mei(n) Gut un Geld!
Heit sitz ich in 're fremde Welt.
Domols, vor dreißisch Johr un meh
War mer mei(n) Hämet viel zu klee!
„Deheem, do fiehl ich mich gehemmt,
Mei(n) Glick häßt Ausland, häßt die Fremd!"
Des warn mei(n) Worte sellemol.
Dann bin ich fort uff's Gradewohl.
Bin gfahre iwer's große Meer
Un dorch die Länder kreiz un quer.
„Mei(n) Glick häßt Fremd!" — Denk mol zurick!
Hoscht's gfunne do, dei(n) großes Glick?

Jung war ich un voll Saft un Kraft
Un fleißisch — deshalb hab ich's gschafft!
Ich hab die Ärwet ernscht genumme
Un bin zu Geld un Wohlstand kumme.
Doch glicklich? Glicklich in de Seel,
Des war ich nie! Ich mach ken Hehl!
Mer fehlt was: Mer fehlt Pälzer Art!
Mer fehlen Wingert un die Haardt!
Gewiß, do 's Land is schee un groß;
Doch 's Hämetland gibt's eemol bloß.
Was is die tropisch Luft vum Siede,
Was is der Duft vun fremde Bliede
Ge'n Mischtgeruch vun Kuh un Schof
Deheem beim Vadder uff em Hof?

Ball jedi Antwort, jedi Frooch,
Die redd ich in re fremde Sprooch.

Die Hämetlaute, unser eigne,
Wie oft muß ich die hier verleigne!
Ja, ich hab Hämweh, Hämweh als
No meiner liewe, schäne Palz!
No ehre Berge, ehre Luft,
No ehre Sprooch, no Hämetduft!

Gottlob, zwä Freunde hab ich do,
Die halten mer die Hämet noh.
De ee(n): Mei(n) Lisbeth, trei un grad,
Mein Pälzer Lebenskamerad.
De anner Freund, wu mich beglickt:
De Wei(n), wu als mein Schwoger schickt!

Kumm Lisbeth, stell e Fläschel frisch
Un hock dich zu mer an de Disch.
Mer trinken jetzt e Hämwehglässel
Uff unser Palz, uff unser Gässel!

De Gaschtarweiter Luitschi

Klee is er, dunkel, mitte dreißisch,
E bissel lässisch, awer fleißisch.
Luitschi häßt er, 's is ken beese,
En Gaschtarweiter aus Varese.

E Zeitlang schun schafft er voll Gschick
Bei uns im Dal in de Fawrik.
Sei(n) Fraa, so flink wie en Probeller,
Schwenkt Flasche als im Winzerkeller.
Ja, 's geht en gut heit, sie sin froh;
Doch läder war's nit immer so!

Vor Johre hot de Luitschi
Un sein Freund Mario wisawie
De Bündel gschniert. Is erscht getrampt
Un dann uff Deitschland abgedampt.
Dann dort gibt's Ärwet un „Moneti",
So hot mer gsat beim Amt in Greti.
Em Luitschi sei(n) Fraa Maria,
Die bleibt zurick. O mama mia!

Dann war er in re große Stadt.
Un do hot's wärklich Ärwet ghat.
Un aa verdient hot er nit schlecht.
Doch gfalle hot's em gar nicht recht.
Zuerscht die Sprooch: Kee Wort versteht er.
Dann die Behausung: Jeden Meter
E Bett; zwölf Mannsleit in eem Raum
For hunnert Mark! Mer glabt's fascht kaum!
Un drin im Werk war's nit viel besser:
Mer ruft en bloß „Makronifresser"!

Als Kraft, do hen sen nit verhähnt;
Als Mensch, do werd er abgelehnt.
„Bei denne do" — so denkt er als —
„Ess ich bestimmt ken Zentner Salz!"
Doch er beißt uff die Zäh(n) un spart,
Schickt Geld zu seiner Fraa, wu wart.

So war's vier Johr lang jedenfalls.
Heit schafft er in de Vorderpalz
Un uff em Land. Un er merkt glatt:
's is besser do, wie in de Stadt!
Ken eener will en schikaniere;
Die Bürger dun en äschtemiere
Un weil's em gfallt in unserm Land,
Holt er sei(n) Fraa her korzerhand.

Sie wohnen heit mit ehrm „Bambino"
In unserer Gass. Der Klee häßt Tino.
Er babbelt pälzisch uff de Stroß
Un werd mit Pälzer Kinner groß!

Am Owend trinkt de Luitschi als
Sein „Vino rosso" aus de Palz
Un fiehlt sich jetzert innerlich
Als Bürger, so wie du un ich!

Parleh-wu Pälzisch?

En Pälzer dut sich nit lang ziere!
Der braucht kee Sprooche zu studiere!
Mit seiner Pälzer Schnut, der schlecht,
Kummt er in aller Welt zurecht.

So sin drei Pälzer u(n)scheniert
Uff Frankreich, uff Paris kutschiert.
Un mit ehrm Sprooch-Nadur-Talent,
Do hen se alles glei gekennt!
Grad hocken se im Reschtora(n):
De Karl, de Seppel un de Scha(n)!
Jetzt rufen se zum Kellner hie:
„He du, Garcon, ma(n)schee, Menü!
Verstehscht? Compri? Mer woll'n Fressasch!
Wui, dreimol for la ganz Bagasch!

Bringscht Majonees, Fileh, Kottlet
Un vorher Buljon un Omlett!
Dreimol Karott mit Frigasee;
Doch nix zu fett, ich Diarreh!
Un dann e Dreckschipp voll Pomfritt!
Pomfritt a(n) groh! Wui for zu dritt!"

De Kellner schmunzelt un heert hie:
„Merci Mässjöh!" Er hot compri!

De Scha(n) sagt: „Musjeh, als Desäär
Fromasch de Brieh, drei Camembäär!
Un Bordoo kühl, sunscht gra(n) Malöör;
Am beschde vorher Fridschidäär!"

Un speeter fro'n se'n uff em Gang:
„Pardong, wo hier Amüsemang?
Mit Promenad un mit Bussasch,
Awek Cheri mit schee Visasch?
Un mit Schampanjer, ee, zwä Pull!
Doch Madmoasell! Nix ‚alt Schatull'!
Un nix zu deier die Affäär,
Mer nit viel Fran(c)! Mer Amadöör!"

No drei Dag hab ich se widder gseh!
O Gott, was war inzwische gscheh?
Ehr Audo, des war ei(n)gedrickt;
Aa sunscht warn se nit ganz beglickt!
De Sepp, er „parlt" vor de Garasch:
„La Limusin karambolasch!
La Portmonnee machull — o je,
Un nix Reserwa! Nix Kasjeh!
Zuviel Amur, zuviel Suff-lör,
Maschin kabutt, jetzt Bankrottör!
La Gäär fini! Paris boo schur,
Die ganz Bagasch tutt switt redur!"

Pälzischi Geographie

Ortsname vun de Palz hen Klang,
Sin kernig, echt, wie deitscher Gsang.
For jedi Menschegattung frei
Is do en Name als debei.
Drum fahrt mol hie no Sied un Nord,
's find jeder do „sein" rechte Ort!

Die frisch verlibbte in ehrm Dusel,
For die gibt's „Liebsthal" — 's liggt bei Kusel.
Die Ehepaare kummen glatt
No „Kindenheim" un „Mutterstadt".
Die Mädle zieht's no „Bubehause"
Un alle Buwe, die Banause,
Bussiern in „Krottelbach", 's wäß jeder.
Uff „Spesbach" reisen die Vertreter!

Bolidiker, so baßt's zum Reim,
Die halten's gern mit „Heuchelheim".
Die SPD wählt „Rhodt" gemach,
Die CDU lobt „Schwarzenbach".
Un wer ge alles opponiert,
Der halt's mit „Meckerem" versiert.

Die Glatzköpp fahrn uff „Horbach" hinne,
Die Schreiner kannscht in „Leimen" finne.
Die Gschäftswelt ging — nit bloß we'm Reim —
Mol 's allerbescht no „Billigheim".
Obsthännler bassen zwischedurch
Im Summer uff die „Madeburch".
Uff „Kriegsfeld" hie zieht's 's Milidär,
Uff „Mehlbach" Bäcker regulär.

Twistfreunde schätzen „Danseberg",
„Kleekarlbach" is for manchen Zwerg.
„Imsbach" macht alle Esser Ehr,
„Käshofen" klingt no Camembär.
Un den, wu's drickt, den kannscht voll Wehe
Uff „Sauserem" als sause sehe!

Jurischte wählen „Rechtenbach",
Die Hasezüchter „Rammelsbach".
Kollege zieht's no „Neidenfels",
Schwiegermütter uff de „Drachefels".
Mich awer zieht's jetzt stark un eige
Vun „Reeden" fort — ich geh no „Schweige(n)".
Doch so, wie ich mich kenn — o Graus —
Halt ich's mit „Schweige" nit lang aus!

Alle Arte „Kuß"

Ehr liewe Leit, ich mach ken Schlores;
Was is en Kuß doch ebbes klores!
En Kuß uff's Schnutche vun re Maid,
Nix schänres gibt's seit alter Zeit!

's gibt nit bloß sieße Küss im Lewe,
Manch anre „Kus(s)" gibt's noch denewe!
Do hot's en runde Kus(s), wie'n Kräs,
Der nennt sich „Zirkus", wie mer wäß.
Un so en flacher Kus(s), o mei(n),
Des kann doch bloß en „Diskus" sei(n)!
De allerwindigscht Kus(s) zum Schluß,
War immer schun de „Luftikus"!

Dann is aa noch en Kus(s) debei,
Bei dem macht mer de Bruschtkorb frei.
Ihr meent, des ganze wär en Stuß?
Awa, ich meen de „Medikus"!
Un dann gibt's noch en Kus(s), o Graus,
Bei dem, mein Freund, ziehscht alles aus!
Der Kus(s) dut's beim Finanzamt treiwe;
Er dut sich — segt mer — „Fiskus" schreiwe!

Ja, zwische „Kuß" un „Kus", mein Loser,
Do is en Unnerschied, en großer!
Der mit 'me wääche „Es" am Schluß
Is meischdens nit de beschte „Kuß".
Der nimmt eem meh in A(n)spruch heit,
Als wie eem lieb is, liewe Leit!

Der Kuß mit scharfem „Es" dut gut,
Dann der hot Feier un hot Glut.
Un do dra(n) siehscht vun Oscht bis Weschte:
Die scharfe Sache sin die beschte!

E sparsames Gedichtel

Denkt an die Zukunft, liewe Leit!
Bloß der, wu spart, hot Zukunft heit!
Mer schmeißt soviel in Saus un Braus
Unneedisch oft zum Fenschder naus.
Ja sinnlos, ohne viel Verstand,
„Geht's Geld heit fleede als im Land.
Un dann no ee(n), zwä Johr vielleicht
Kummt pletzlich de Moment, wu d's braicht.
Un dann stehscht do mit leere Säck.
Wu is dei(n) Geld? Dei(n) Geld is weg!
Hoscht's längscht verbambaschiert, verjuckt!
Un jetzt werd in de Mond geguckt!

Seid gscheit, solang 's noch nit soweit is,
Un spart, ehr Leit, solang's noch Zeit is!
Tragt's uff die Sparkass un die Bank.
Mit Handkuß nemmen die's un Dank!
Tragt's hi(n), dann geht's nit in die Binse!
Im Gegedäl, dann tregt's noch Zinse
Un dut sich uff die Art in Ehre
Wie die Karnickel fascht vermehre!

Ja, heert en a(n), den Spruch, den wahre:
Am Spare soll mer niemols spare!
Wer nit am Spare spart, spart Sorge!
Wer heit schun spart, der spart for morge!
Spart nit an Fleiß un Mut zum Spare!
Spart nit zu sparsam! Spart in Schare!
Spart nit, for's Spare fescht zu werbe!
Wer spart, spart mol die Angscht vorm Sterbe!
Wann d' heit dei(n) Aache zumachscht — dann
Bischt morge en gemachter Mann!

Die Schwarzkinschtler

Die Welt wär dumm un längscht verbleed,
Gäb's niemand, der wu drucke det.
Dann was d' im Lewe brauchscht, ich wett,
Des werd gedruckt, vun A bis Zett:

's Babiergeld un die Schuldschei(n)blätter,
Die Hochzischa(n)zeig vun deim Vetter.
Die Edikette for de Wei(n),
Die Toto- un die Lotto-Schei(n).
Die Stadtrechnung for Strom un Gas,
Uffschrift „Zerbrechlich"! „Vorsicht Glas!"
De Lebenslauf vum Herzog Tilly
Un 's Wahlplakat vum Brandte Willy.
Mer druckt die Bücher vom John Knittel,
Die Werbesprich for Wanzemittel;
Die E-605-Reklame,
's Adreßbuch mit viel dausend Name;
Die A(n)standsregle for die Pärcher,
Die Friedhofsordnung un Grimms Märcher,
„Mein Kampf", „Schiwago" un „Courths Mahler",
Die Gsetze for die Steierzahler,
Bardeiausweis, Visitekarte,
Korzgeschichte, Fahrplän alle Arte,
Abstrakte Bilder, bunt un plackisch
Un die Bardot (dreiverdels nackisch);
Die Poschtleitzahle un Tarife,
Die A(n)leitung for Liewesbriefe.
De Lehrvertrag for jeden Stift,
Em „Spieß" sei(n) Heeresdienschtvorschrift;
Die Fiewer- un die Lollo-Kurve
Un dann die Speisekart (for's Schlurfe),

Die A(n)trittsredd vum Dokder Kohl,
Die Uffschrift uff em Kukirol,
Die Anekdote um de Blücher
Un außerdem mei(n) Mundartbücher!
Ja ohne unser Drucker, guck,
Wär'n ich un anre schwer im Druck!

Drum gilt mein Gruß aa voller Gunscht
De Männer vun de „Schwarze Kunscht"!

Die Briefmarke-Sammler

Letscht kummt e junges Fräche zu mer her.
Sie schilt un jammert un beklagt sich schwer.
Dann mit ehrm Mann, do wär des so e Gschicht.
Ehr Mann, so segt se, wär Philatelischt.

„Was is er?" frog ich fascht verschrocke schier,
„Militarischt? Ja is er Offizier?"
„Philatelischt", verbessert se, „Mein Beschter."
„Ach so, beim Philharmonische Orscheschter!"
Sie awer lacht mich aus jetzt u(n)scheniert:
„Briefmarke sammelt er! Compris? Kapiert?"

„Ach Markesammler is ehr Mann am End!
Des hetten Sie aa so glei sa gekennt!
En Markesammler is doch zu ertrage,
Do hen Sie doch ken Grund, sich zu beklage!"

„Hen Sie e Ahnung!" ruft die Fraa nit sachte.
„Kaum is als 's Nachtesse vorbei am achte,
Do kriegt er pletzlich als sein Drang, sein starke,
Guckt nimmi links un rechts — un holt sei(n) Marke!
Mich hot er jetzt vergesse, ohne Sprich!
Verzickt hockt er vorm Album an seim Disch
Un babbelt bloß noch in de Marke-Praxis
Vum Michel-Katalog, vun Thurn un Taxis,
Vun Zäh(n) un Zacke, Klebefalz un Stempel,
Vun Fehldruck, schwarze Kreizer un so Krembel.
Verlibbt geht er mit seine Marke um,
Begudkt se dorch die Lup! Mer werd's zu dumm!
Doch mich betracht er nit, des is e Schann!
Ich existier garnimmi for den Mann!

Ich, wu er friehr mol sei(n) ‚Mauritius' ghäße,
Sei(n) ‚Seltenheit', sei(n) ‚Glanzstück' auserlese!
Ich kumm mer heit grad vor — un des is stark —
Wie e lädierti Zwanzischpennings-Mark!

Un manchmol rennt er fort, daß Gott erbarm,
Die Hälft vun seine Marke unnerm Arm,
Trifft sich mit anre in de Wertschaft draus
Un dauscht mit denne als die Marke aus!
Doch mich, sei(n) ‚Hausmark' hot er unnerdesse
Vor lauter ‚Thurn un Taxis' längscht vergesse!
Ich hab bloß noch een große Wunsch, en starke:
Er möcht mich so behannle, wie sei(n) Marke!"

En frommer Wunsch is des, ehr Sammlerfraue!
Doch det eich sei(n) Erfüllung nit erbaue,
Wann eier gutes Männel eich diskret
Grad wie sei(n) Marke als behannle det!
Dann mißt er eich jo per Pinzett traktiere
Un außerdem nooch Katalog taxiere!
Er mißt eich gar verdausche noch ge anre
Un die Fraa Pitz det zum Herr Müller wanre!

Trotzdem ehr Markesammler, loßt eich sa:
Vorm dicke Marke-Album kummt die Fraa!

Beim Aage-Diagnoschtiker

De Schorsch, grad kenner vun de Gsunde,
Der schwört uff die Nadurheilkunde
Un fahrt als alter Taktiker
Am Mittwoch zum Heilpraktiker.
Des is en arisch gscheiter Mann,
Wu aus de Aage lese kann!

Un wie de Schorsch jetzt vor em sitzt,
Sei(n) Aage uffreißt un ball schwitzt,
Do segt der Mann doch voll Finesse:
„Sie hen heit middag Eier gesse!"

De Schorsch denkt: Mensch is der so schlau
Un segt: „Jawohl, des stimmt genau!
Hen Sie des" — frogt er dann voll Nage —
„Jetzt gsehne do in meine Aage?"
„Nee" meent der Medizinmann glatt,
„Gseh hab ich des an de Krawatt!"

Wie mer's nimmt!

Im Bolizeiamt rabbelt's Telefon.
Am anre Enn ruft jemand schrill im Ton:
„Hier bei Familie Lutz! Herr Kommissar,
Schnell schicken se en Mann, ich bin in Gfahr!
Ich bin allee(n) un ewe is gedrunge
E gscheckti Katz rei(n) in mei(n) Zimmer gsprunge!"

„Na", segt de Kommissar ganz iwerlege,
„E Katz is doch ken Grund, sich uffzurege!"

„Grad wie mer's nimmt", ruft do de anner glei,
„Dann wissen se, ich bin de Babegei!"

Scheeni Bescherung

Am Weihnachtsowend dut die Welt,
Die ganz Welt sich beschenke.
Doch gheert zum Gschenk-Kaaf nit bloß Geld;
Mer muß aa bissel denke!
Muß spitze, horche, wie en Luchs,
Um uff die Winsch ze kumme.
Wer mecht en Hut, en Silwerfuchs,
En Hampelmann, en dumme?

Ich seh vorm Gschäft vum Juwelier
Die Mamme öfters stehe.
Ganz hämlich schleich ich an die Dier,
Um näher hi(n)zesehe.
Aha, die guckt als uff en Ring!
Glei geh ich in de Lade
Un kaaf re halt des golde Ding
(bezahlt werd's in finf Rate!).

De Schorschel, unser jingschter Bu,
Der schneid so gern als Fratze,
Kräht, wie die Dante Liss dezu
Un pfeift wie siwe Spatze.
Der hot for uff die Bühn Talent;
Er möcht zum Film mol, sat er.
Drum kaaf ich for sei(n) Temprament
E Kaschberle-Theater!

So muß mer halt mit Gschick un Gritz
Als knowele un denke!
Die Iwerraschung is de Witz
Bei unserm ganze Schenke!
Seht, mei(n) Familie, die versteht's,

Die is als uff em Trab;
Dann ohne Iwerraschung geht's
Als niemols bei uns ab!

Im letscht Johr schenkt mei(n) Schorschel schee
Seim Babbe e Krawatt.
„Sie koscht sechs Mark!" so ruft de Klee,
„Mit finf Prozent Rabatt!"
Druff bringt die Bärwel ganz geziert
(heit macht se nit ehr Hibs)
E weißes Päckel, rot verschniert.
Was drin war? Noch en Schlips!

Un dann die Dante, die Bas Ruth,
De Fritz, die Adelheide,
E jedes schenkt mer frohgemut
Krawatte „Woll mit Seide"!
Wann des kee Iwerraschung war!
Jetzt griehscht der doch die Kränk!
Do kummt die Mamme, lieb un klar:
„Do hoscht dei(n) Weihnachtsgschenk!"
E Päckel mit 'me Band aus Rips!
Mir schwant was, liewer Himmel!
Im Geischt seh ich schun noch en Schlips
In meim Krawattefimmel!

Doch der, wu meent, 's war e Krawatt,
Der schnerrt sich in seim Sinn.
Nee, in dem Päckel, wu se ghat
Warn z w ä ä Krawatte drin!

„Na so en Zufall! Do guck hie!"
So rufen all verschrocke.
Ihr frogt mich, was ich 's negscht Johr grie?
Vielleicht stick zwelf Paar Socke!

Ebbes
iwer starke Wei(n)
un
iwer schwache Mensche

Schwache Männer – starker Wei(n)

De Lehrer Bähr un de Herr Nodär Breune,
Zwä Ehremänner, würdig un geacht,
Die hen am Samsdag, korz no halwer neune
Im „Ochs" ehr Owendschöppelche gemacht.

„Zwä Verdel bloß!" so segt de Herr Nodär,
„Ich will mei(n) liewi Fraa nit warte losse;
Un dann setzt eem aa 's Geld, mein liewer Bähr,
In dere Zeit nit locker in de Hosse!"

„Aa ich bin speedeschdens am zeh deheem",
Gibt unser guter Lehrer jetzt bekannt;
„Des lange Wertshaus-Hocke ekelt eem!
Aa muß mer Ricksicht nemme uff sein Stand!"

So redden se doher, die Ehremänner
Un nemmen mit Genuß so manche Schlick.
De Wei(n) schmeckt immer besser, immer schänner;
Kee Wunner aa, 's is „Forschter Kerchestick"!

Sechs Verdel hen se jetzert schun geleppert!
Un zehne is es arisch lang vorbei.
Vum Heemgeh werd schun lang nix meh gebebbert.
Sie sin grad bei de Witz-Verzehlerei.

Uff eemol butzt de Nodär sei(n) Binockel:
„Nit schlecht do, die Bedienung drall un rund!"
Er will se dätschele sogar, der Gockel;
Un kaaft 're Pralinee, e halwes Pund!

„Wer meent, ich hett kee Chance meh, der schnerrt sich!
En Mann, wie ich, der zehlt noch nit zum Schrott!
Was is mei(n) Ella schun mit ehre neuneverzisch
Ge so e jungi, feschti, liewi Krott?!"

Am halwer zwä dut sich de Lehrer brüschte:
„Die Fraa soll warte! Nodär, hab ich recht?
E Weib, des hot sich nooch em Mann ze richte!
Mer sin die Herr'n im Haus! Mer, 's starke Gschlecht!"

's is drei — sie gehn. Doch drauß im Sternegfunkel,
Do meent de Nodär: „Lehrer, du, wääscht was?
Mer stellen noch was a(n), 's is so schee dunkel!
Gewitter Kattel, gibt der des en Spaß!"

So schleichen se zum Borjemäschter hinner
Un henken hämlich alle Läde aus;
Dann dricken se, grad wie die Gassekinner,
Aus Wolluscht uff die Schell vun jedem Haus!

Deheem jedoch, do schlegt en ehr Gewisse!
Wann aa de Bähr uff Strimp die Trepp nuff schleicht,
So hot er doch vorm Abschluß schlofe misse!
De „Herr im Haus" war nämlich nausgsperrt heit!

De anner awer, de Herr Nodär Breune,
Schmust seiner Ella, die vor Ärger kocht;
„'s kummt nimmi vor!" so heert mern beinoh greine,
„Ich hab der aa drei Pralinee mitgebrocht!"

De Hexemäschter Wei(n) is e Kapitel!
Steit der eem erscht mol richdisch nuff ins Dach,
Dann macht er — ohne Schei vor Rang un Titel —
Die Schwache stark un alle Starke schwach!

Die Rundrääs!

Em Mayer Schorsch vum Finkepad
Sei(n) Freundin is e liewi Mad.
Noch jung un mit 'me schlanke Hals.
E echtes Kind aus unsrer Palz.
Doch is se nit beim Schorsch gebliwe;
Dann no sechs Monat odder siwe,
Do hot des Mädche schwarzgelockt
Uff eemol bei me anre ghockt.
Un speeter dut se widder wannre,
Werd noch die Freundin vun paar anre,
Bis se dann — so aus finfter Hand —
Vun neiem bei ehrm Schorschel land.

De gute Schorsch vum Finkepad
Betracht sei(n) aldi neii Mad.
Sie hot en noch, ehrn schlanke Hals!
E echtes Kind aus unsrer Palz.
Bloß denkt er bei sich: „Ohne Schnorre,
Sie is e bissel reifer worre!
Na ja, 's hot halt so misse sei(n)!
Jetzt bleibt se do! Jetzt is se mei(n)!" —

Mir schenkt en Mann vum Gsangverei(n)
Zum Namensdag e Fläschel Wei(n).
E gudi Flasch mit schlankem Hals!
E echtes Kind aus unsrer Palz.
Doch is se nit bei mir gebliwe;
Dann no sechs Monat odder siwe,
Hab ich die Flasch, wu so schee(n) blenkt,
Als Kerwestick 'me anre gschenkt.

Doch speeter dut se widder wanre
Als Gab vum eene Mann zum anre,
Bis se dann — so aus finfter Hand —
Als Gschenk bei mir vun neiem land!

Ich kenn se glei, do in de Dasch,
Mei(n) liewi, aldi neii Flasch.
Sie hot en noch, ehrn schlanke Hals.
E echtes Kind aus unsrer Palz.
Bloß denk ich bei mer: „Ohne Schnorre,
Jetzt is se bissel reifer worre!
Na ja, 's hot halt so misse sei(n)!
Jetzt bleibt se do! Jetzt is se mei(n)!

De Schorsch un ich — 's steht im Gedicht —
Erleben b e i n o h die selb Gschicht.
De Unnerschied bei denne Bosse?
I c h hab mei(n) Flasch a l l e e (n) genosse!

De Meier un de Scheier

Wei(n)gutsbesitzer Guschtav Meier
Un sein Kolleg Karolus Scheier
Sin sich nit grie. Wie kennt's aa sei(n)?
's hett jeder gern de beschte Wei(n)!

Trotzdem is de Karolus Scheier
Heit zu Besuch beim Guschtav Meier.
Der schenkt seim Gascht vum beschte ei(n)
Un segt: „Versuch emol mein Wei(n)!
Sollscht sehe, was bei mir Kultur is!
Meenscht, daß mei(n) Trebbel do nadur is?"

De gut Karolus prieft un schlickt,
Dann hot er mit em Kopp genickt
Un segt befriedigt, wie eem scheint:
„Der m u ß nadur sei(n), liewer Freind!"

„Un an was merkscht des, liewer Meier?"
Frogt gschmeichelt de Karolus Scheier.
„An was ich's merk?" meent voll Behage
De Mayer, „Gut, ich will der's sage:
Soo sauer, unner Garandie
Bringt mer den kinschtlich garnit hie!"

Die zittrische Händ

Mein Nochbersmann, de Vedder Kall
Is an die finfesiebzisch ball.
Dem zittern so die Händ, dem Mann,
Daß er fascht nix meh hewe kann.
De Dokder hot mit ernschtem Winke
Ihm drumm verbodde, Wei(n) ze trinke!

En Pälzer Mann mit Wei(n)verbot
Is doch im Lewe schun fascht dot!
Drum trinkt de Vedder Kall, uff's Werdel,
Als ab un zu halt doch paar Verdel!

In unsrer Straußwertschaft, do hockt er.
Wer kummt die Deer rei(n)? De Herr Dokder!
Un der sieht grad, wie de Patient
Mit seine zitterische Händ
E Glas voll Wei(n) zum Mund hie fiehrt.
De Dokder is vum Schlag geriehrt
Un segt zum Sünder voll Marotte:
„Ich hab der doch de Wei(n) verbodde!
Hoscht viel getrunke? Sag mer's frei!"
So segt er un is ernscht debei.

„Nee", meent de Kall druff, de Patient
Mit seine zitterische Händ;
„Nee, viel getrunke hab ich nit,
Dann 's meischte hab ich als verschitt!"

Alle bäd!

De Dauersaifer Andres Puhl
Steht widder mol vorm Richterstuhl.
De Richter kennt en schun un lacht:
„Was hat Sie diesmal hergebracht?"

„Dohergebrocht?" — heert mer'n berichte,
„Hen mich zwää griene Bolizischte!"

Do frogt de Richter fascht im Groll:
„Natürlich warn Sie wieder voll!"

Druff segt de A(n)geklagt nit bleed:
„Jawohl, Herr Richter, alle bäd!"

Periodisch

De Vedder Martin aus em Finkepad,
Der fiehlt sich lange Woche schun malad.
Besunners an de Lewwer un de Niere,
Do dut er Dag for Dag de Schmerz verspiere.

So schlorbst er halt mit großer Not un Mieh
Mit seine alte Knoche zum Herr Dokder hie.
Der unnersucht en un horcht innenei(n),
Dann segt er: „Vedder Martin, 's kummt vum Wei(n)!
Trinkscht aus Gewohnheit — muscht mer's schee verrote
Odder in Abständ bloß, in Periode?"

„Nee, nee", dut unser guter Martin groß,
„Ich trink, wäß Gott, in Periode bloß!"
„Un was forn Abstand" frogt de Dokder noht,
„Liggt zwische jeder Trinkerperiod?"

De Martin iwerleggt, dann heert mern schun:
„So zeh Minudde bis e Verdelstunn!"

Unser Wei(n)götter

Im Sprichwort, do werd ausgedrickt,
Daß als im Wei(n) die Wahrheit liggt.
Voraussetzung dofor muß sei(n):
's is aa in Wahrheit wärklich Wei(n)!

In unserer schäne Palz am Rhei(n),
Do is de Wei(n) in Wahrheit Wei(n),
Dann unser Wei(n)gott — 's wär e Drama —
Häßt Bacchus — un nit Pantschen-Lama!

For voll genumme

In unsrer Palz, de kultiviert,
Werd jeder Mensch als äschtemiert.
Ob Chef, ob Stift, 's is abgemacht;
En jeder werd bei uns geacht!
Selbscht wer en Rausch hot, so en dumme,
Werd in de Palz for voll genumme!

Fraue un Wei(n)

's hot Fraue, sagt mer allgemei(n),
Die sin so lieblich, wie de Wei(n).
Un widder anre sin direkt
Genau so spritzig, wie de Sekt
E dritti Sort gibt's owedrei(n):
Wie zusammegschitte Sekt un Wei(n)!
Dann die Sort Fraue hot Talent,
So scheint mer, zu 'rer „kalte Ent"!

De Pälzer Dorscht

„Warum hen" — frogt mich letscht en Borscht,
„Die Pälzer all en große Dorscht?"
„Mer Pälzer, mer hen gar ken Dorscht!"
Sag ich druff zu dem fremde Borscht,
„Dann guck, zu so 'me Dorscht, 'me dumme,
Do lossen mer's glei gar nit kumme!"

Vum A(n)stoße

„Warum", so frogt mich mol de Scha(n),
„Stoßt mer beim Proschte immer a(n)?"

„Ganz ee(n)fach", sag ich voller Klarheit,
„Im Wei(n), du wäscht's, im Wei(n) liggt Wahrheit;
Un mit de Wahrheit, liewer Scha(n),
Do stoßt mer heit doch immer a(n)!"

Wer war schun in de Palz?

Wer zu uns in die Palz als kummt, ehr Leit,
Der find en echte Wei(n) zu jeder Zeit.
Un wer dann unsern Wei(n) genosse als,
Kann vun sich sage: Ich war in de Palz!

De Wei(n) is bei uns stark un er is gut!
Der geht eem in de Kopp, den spierscht im Blut!
Un wer en Rausch ghat hot, des wäß en Blinne,
Kann sich deno uff gar nix meh besinne!

Drum: Wer behaupt, er war schun in de Palz
Un kann sich do dra(n) noch erinnre als,
Der war in meine Aache — 's klingt gepreßt —
Noch nit in unsrer schäne Palz gewest!

Doch wer behaupt, er war schun in de Palz
Un kann sich nimmi druff besinne als,
Verloßt Eich druff, ehr Freunde jedenfalls:
Der Mann, der war bestimmt schun in de Palz!

Makaber!

's is grad die Zeit vum neie Wei(n).
De Karl kehrt in re Wertschaft ei(n)
Un lang no Mitternacht — o Graus —
Do kummt er mit 'me Hormel raus!

Er schwankt un laaft in krumme Boge.
Der „Nei" hot neunzig Grad gewoge!
Die hen gebitzelt, die hen Kraft!
Die hen den Karl, den arme gschafft!

Er dorkelt un er stolpert heem;
Stitzt sich ge Haiserwänd un Bääm,
Verliert die Richtung, stolpert hie
Un land im Friedhof, wäscht nit wie!
Ritscht aus un sterzt dorch's nasse Laab
In so e frisch ausghownes Grab!

E paar Stunn speeter — 's dämmert drauß —
Verloßt de Friedhofswärter 's Haus
Un denkt uff eemol — 's war no sechse —
„Was dut dann in dem Loch do krexe?"
's war noch nit hell, drum frogt er groß:
„Was is dann in dem Grab do los?"

De Karl im Loch kreischt zu der Gstalt:
„Ui ui, ich frier! Mer is so kalt!"
Druff ruft der owe voller Bosse:
„Siehscht, hettscht dich nor verbrenne losse!"

Vun de Volle

Wann eener viel getrunke hot
Un is im Kopp drin doll,
Un 's Babble, des geht nimmi flott,
Wäß jeder: Der is voll!

Doch voll un voll, ehr liewe Leit,
Des is en Unnerschied.
Ich bin bewannert langi Zeit
Uff dem Spezialgebiet!

Wer kaum noch laafe kann un geht
Uff Händ un Fieß wie doll,
Un land am Schluß im Rosebeet,
Der is dann „dorne-voll"!

Wer nachts speet heemkummt wei(n)beschwert
Un schleicht uff Strimp in Moll,
Die Trepp nuff, daß sei(n) Fraa nix heert,
Der Mann is „ricksichts-voll"!

Doch wer zeh Schobbe Wei(n) gepetzt
Un grad laaft Zoll for Zoll
Un aa kee dummes Zeig herschwätzt,
Der spielt „hochachtungs-voll"!

Der, wu berauscht im Kannel liggt,
Wu er im Bett sei(n) soll,
Un sich noch wohl fiehlt un beglickt,
Der is nit „a(n)spruchs-voll"!

Der, wu en Drache gheirat hot
Un sich nit heem traut doll,
Weil er zuviel getrunke hot,
Den nenn ich „kummer-voll"!

Der, wu vergesse hot diskret
So no de dreizeht Moll,
In weller Stroß sei(n) Haisel steht,
Der is schun „rätsel-voll"!

Wann eener voll is, wie en Schlot
Un noochmißt hinneher,
Der is dann gar nit voll hernoht;
Nee, der is widder leer!

Un wer mit zwä Promill allert
Vernünftig, ohne Groll
Sein Audoschlissel gibt em Wert,
Der is „charakter-voll"!

Wer mäßig trinkt zu jeder Zeit,
Daß er nit voll werd als,
Hot meh vum Wei(n)genuß, ehr Leit
In unsrer schäne Palz!

Katzejammer

Zerre dut's an meiner Gall
Un ich hab en Brand!
Ach, de Schädel platzt mer ball
Samt em ganz Verstand!

Jeder Schritt, der dut mer weh;
Ich bin sterwenskrank!
Schnell en Rollmops un en Tee
Aus em Kicheschrank!

Hett ich norre nix gepetzt!
Muß des alles sei(n)?
Abstinenzler werr ich jetzt!
Schluß ab heit mit Wei(n)!

Awer 's is e hardi Dur
Ohne Alkohol.
Darum — fercht ich — gilt mein Schwur
Bloß bis negschdes mol!

Vum Trinke un vum Küsse

Die Zung un Lippe, du werscht 's wisse,
Brauchscht a) zum Trinke, b) zum Küsse.
De Wei(n), der dut dei(n) Mundwerk forme,
Dut Zung un Lippe technisch norme.
Un guck: Die Technik ausgekocht,
Wu eem de Wei(n)gschmack beigebrocht,
Die Technik, die behalt mer glei
Beim Küsse audomadisch bei.
Drum: Sag mer, wie dein Kuss a(n)bringscht,
Ich sag der, was d' forn Wei(n) als trinkscht!

So is e Wei(n)lokal beflisse
Die Technisch Hochschul heit for's Küsse!

Wer „Nonnegarte" trinkt so lieblich,
Küßt keich un züchtig — beinoh biblisch.
Doch der, wu feirisch un voll Glut
Wie'n Dauerbrenner küsse dut,
Der hot sei(n) „Kußwerkzeige" wild
Am „Hitzkopp", wie mer scheint, gedrillt!

Wann e r die Lippe i h r beglickt
So richdisch voll uff's Schnutche drickt,
Beweist der gute Mann sofort:
„Vollmundig" is sei(n) Lieblingssort!

Wer sich am „saftische" Wei(n) dut latze,
Den heerscht beim Küsse richdisch schmatze.
Wer „Saierling" bevorzugt schlicht,
Verzieht beim Küsse selbscht noch 's Gsicht!

Wer sich nooch feichte Lippe sehnt,
Is „Naßverbesserung" gewähnt.
Doch wer beim Küsse als schloft ei(n),
Trinkt wahrscheins Baldrian, statts Wei(n)!

Wer awer mit de Zung apart
Seim Schatz im Mailche drin rumfahrt,
Im Dunkle bei dem sieße Gschlutzer,
Der is geeicht uff „Rachebutzer"!
Doch der arm Kerl, der wu verdusselt
Sogar sei(n) Schwiegermutter busselt
Un bei der Prozedur nit stähnt,
Der is an „Höllepad" gewähnt!

Wer bloß zwää Zäh(n) noch hot im Mund
Un trotzdem küsse kann noch gsund,
Beweist, daß er als ältrer Mann
Noch mit „Gerümpel" umgeh' kann!

Genunk! Ich glaab, ich hab bewiese:
Wer Wei(n) versteht gut zu genieße,
Schlirft, schmäckelt un beißt voll Genuß
Aa zungekundig als beim Kuß!
So is der Kuß, wu sengt un brennt
's ältscht „Wei(n)siegel", des wu mer kennt!

De Kilometerzähler

En Mensch, der wu viel wannert als
In unsrer liewe, schäne Palz,
Grieht zum Geburtstag gut gelenkt
En Kilometerzähler gschenkt.
Den nimmt er an seim Gertel mit;
Do regischtriert der jeden Schritt
Un zeigt am Schluß dann ganz real
Genau die Kilometerzahl.

Der Wandersmann voll Findigkeit
Marschiert am dritt Okdower heit
Uff Neistadt niwer in seim Schwäß,
Dann dort is Wei(n)fescht, wie er wäß.
Der Mensch, der hot's no paar Stunn gschafft.
Er setzt sich in e Hall un pafft,
Bestellt een Schoppe nooch em anre.
Un ruht sich aus vum lange Wanre.
Des Kilometerzähl-Gerät,
Des steert, verflixt un zugenäht.
Dann wann mer sitzt uff schmalem Bänkel,
Do bambelt des am Owerschenkel.
Drum kneppt der gute Mensch klipp-klapp
Den Kilometerzähler ab,
Stellt en uff Null dann — kriegscht die Kränk —
Un bind en an sei(n) Handgelenk!

Die Zeit vergeht, des Wei(n)fescht laaft.
Der Mensch hot sich e Brotworscht kaaft,
Trinkt aus, bestellt gewissenhaft,
Trinkt aa mit seiner Nochberschaft,

Is froh un luschdisch, fiehlt sich wohl
Un trinkt halt noch un nochemol!
Uff eemol ruft er ohne Ziere:
„Jetzt langt's! Ich muß noch heemmarschiere!"

Der Mensch steit uff — do werd er klee!
Versage duen em sei(n) Bee!
Er, gut zu Fuß sunscht, ohne Faxe,
Is nimmi sicher uff de Haxe!
Do fallt sein triewe Blick, sein schäler
Grad uff de Kilometerzähler,
Der wu — wann's eich noch recht gedenkt —
Am Handgelenk, am rechte henkt.

Un do gewahrt er, ohne Schrull:
De Zeiger steht nimmi uff null!
O nee, jetzt steht er — 's sieht en jeder —
Fascht beinoh uff zwä Kilometer!
Des is der Weg, den wu versiert
Sein Arm den Wei(n) zum Mund hot gfiehrt!
-zig Kilometer erscht geloffe
Dann noch zwä Kilometer gsoffe!
Nee, liewe Freunde, so e Spiel
Is for en Wandrer selbscht zuviel!

Der Mensch, der Wandersmann verehrt,
Der wu sunscht bloß uff's Wandre schwört,
Der wäß seit heit no vielem Petze
E gudi Autotax zu schätze!

Die feine Leit

In unserm Land gibt's — nit erscht heit —
Gewähnliche un bessre Leit.
Mer setzt ganz allgemein die Zeiche:
Des do is 's Volk — des sin die Reiche!

Doletscht war owends mol e Fescht.
's warn wärklich lauter bessre Gäscht.
Ich luchs vun owe, vum Balkon.
Am A(n)fang singt en Bariton,
Un e Quartett spielt Mozart, Bach.
O nee, 's „Niwo", des war nit flach!

Un wie der ernschde Däl vorbei,
Werd's bissel lockerer un frei,
Doch voll „Benemm-dich"; mer redd schlau,
Segt „Küß die Hand" un „Gnäd'ge Frau"!
Beim Trinke halt mer ganz „salopp"
Sei(n) Wei(n)glas an de dritte Knopp
Un tregt e silwerni Krawatt.
De Knigge hett sei(n) Fräd dra(n) ghat!

Ich guck en zu un denk voll Neid:
Was bin ich ge so feine Leit
E u(n)beholfenes Kamel.
Do kannscht was lerne, meiner Seel!

Am halwer zehne muß ich fort;
Mer braucht mich an me anre Ort.
Un wie ich no de zwelfe hie
Zurickkumm uff mei(n) Galerie,

Do warn die bessre Leit, die deire,
Zum Däl noch mitte drin im Feire.
Des häßt, ehr „Feire" im Verglich
War jetzert nimmi feierlich.
Die Flasche türmen sich schun hoch
Un mer verschlegt's doch glatt die Sprooch:
Zwä „Herre" hen sich in de Woll,
Sie sin schun strack un krottevoll.
Fraa-Wirtin-Verse werren gsunge
('s hot dausend Meter weit geklunge)
Un Kellnerinne, ehr sollt's heere,
Hen sich ge Männerhänd ze wehre!

Warn des die selwe Leit erlaucht,
Wu „Küß die Hand" als hen gehaucht?
Wu Bach un Mozart hen „gelauscht"
Un vun de Klassik warn berauscht?
De Knigge hett bei dere Gschicht
Die Händ jetzt zammegschla vorm Gsicht!

Ich, 's „u(n)beholfene Kamel"
Hab d e s gelernt jetzt, meiner Seel:
Nit jeder, der wu Geld hot heit,
Gheert deshalb zu de feine Leit.
Un bei so manche Leit, wu „fei(n)",
Is Bildung bloß Attrapp un Schei(n).
In Wirklichkeit sin se voll Schlich
Menschlich viel ärmer, als wie ich!
Doch des merkscht erscht zum gute Enn,
Wann se zuviel getrunke hen!

Die Familiefeier

Is Hochzisch odder Kinddaaf als
In unsrer liewe, schäne Palz,
Do trifft sich meischt die ganz Verwandtschaft
Un außerdem die halb Bekanntschaft!
De Vetter Robert mit em Klaus
Un die Bas Gret vun hinneraus.
De Fritz vun Neistadt mit Familie,
Aus Mannem 's Fräulein Petersilie.
De Unkel Schorsch, wu Lehrer is
Un mit ehrm Braidigam die Liss!

Un schließlich hockt mer froh un frisch
Wie stets am lange Ausziehdisch.
Mer frät sich an dem Feschtdag heit,
Trinkt Wei(n) un babbelt mit de Leit;
Mer schmust un macht e freundlich Gsicht,
Stellt sich un annere ins Licht:
's Fräun Petersilie, wärklich wohr,
Die hett so schäne blonde Hoor,
So segt mer — un die Hochfrisur
Det basse grad zu der Figur!
De jung Herr Diem, der wu de Liss
Ehrn Braidigam seit neilich is,
Den lobt mer, er wär so bescheide!
Die ganz Verwandtschaft kennt en leide!

Un 's Gschenk erscht vun de Dante Rike,
Des werd bestaunt mit Wort un Blicke!
„Wie wunnerschee! Uff jeden Fall
Is des aus echtem Bleikrischdall!"

„Na, liewi Kuseler Bas Gret,
Verzehlen doch mol wie's eich geht!
Ehr sehn gut aus, hen zugenumme!
Ja ja, 's sin bessre Zeite kumme!"

So geht des bis no Mitternacht.
Dann werd sich uff de Weg gemacht.
Doch drin im Audo hämetwärts,
Do bricht sich's Bahn aus diefschdem Herz:

„Was sagscht dann zu der Petersilie?
Gheert gar nit zu de negscht Familie!
Un trotzdem kummt se hergeloff
Mit Berschte blond vun Wasserstoff!
Statt no 'me Mann sich umzegucke,
Macht die mer noch mein Philp meschugge!
Ruh! Was ich gseh hab, hab ich gseh!
Die is e Gfahr for jedi Eh!
Die ging gern ins gemachte Nescht!
Die Städter sin jo heit so schlecht!

Un dere Liss ehrn Borsch, der Diem,
Des is der doch en Nieselpriem!
En richdisch dreigedrehter Tropp!
Hot dann des Kind kee Aach im Kopp?
Der hot sogar e falsch Gebiß!
Un niemand segt's der arme Liss!

Was meenscht dann zu der Rik ehrm Gschenk?
Griehscht do nit glei vor Wut die Kränk?
Die glaabt, mer wärn e bissel schwach —
Aus Bleikrischdall? Daß ich nit lach!

Du derfscht mer's glaawe, liewi Bas,
's is hundsgewähnlich billisch Glas!
Do war mei(n) Nachthemm aus Flanell
Als Gschenk doch ebbes anres, gell?

Ich will nit schelte uff die Gret;
Doch wann der do nix vor sich geht!
Die werd jo rund, grad wie e Faß!
Ich glaab, die grieht schun widder was!
Mecht wisse, wieviel die noch wenn,
Wu die doch schun en Stall voll hen!
Die wollen kee Vernunft a(n)nemme!
Muscht dich for dei(n) Verwandtschaft schämme!
Die mißten schaffe, die ‚Ganove',
Do de'n se nachts aa besser schlofe!"

Familiefeschte in de Palz
Sin wärklich unnerhaltsam als.
Doch uff de Heemfahrt kummt de „Cluu"!
Nit bloß bei uns! Aa annerscht wu!

's Nachtgewitter

's is Summer, mitte in de Nacht;
Drauß zucken Blitz, de Dunner kracht.
„Stei uff, mer schlofen nimmi weiter,
Du wäscht, mer hen ken Blitzableiter!
Schnell alle Kinner uffgeweckt!
's Babiergeld in de Strump nei(n)gsteckt!
Los schnell, mach Licht!" So brillt mei(n) Fraa.
Ball brillen unser Kinner aa.

Ich tascht mich an de Schalter dra(n)
Un dreh un dreh. Kee Licht geht a(n)!
„Gewittel!" fluch ich, „Unerheert,
Jetzt is die Leitung aa noch gsteert!"

„Schnell Mamme, hol uns aus em Bett!"
Kreischt's jetzt vun newe um die Wett.
„Wu is nor die Sterinkerz bloß?"
Ruft unser Erika, die Groß.
Die Kerz? Die Kerz? Moment, Herrjeh,
Wu hab ich die zuletscht bloß gseh?
Schun dapp ich dorch die Finschdernis.
Bauf hab ich ebbes runnergschmiss.
Gewittel, des war sicher Glas!
Schun sterzt aa noch die Blummevas!

Mei(n) Frieda dut en laute Krisch,
Die Kinner heilen ferchterlich,
's Gewitter rast mit Blitz un Krach,
Ken Blitzableiter uff em Dach

Un ich steh barfuß in de Scherwe
Un such die Kerz! Mer is zum Sterwe!
„Schnell Licht!" Heer ich's vun driwe japse.
Die Kerz? Die Kerz! Mein Gott, ich hab se!

Wahrhafdisch 's is se! Ich bin reich!
Wu is dann jetzt bloß 's Feierzeich?
„Fraa, sag mer schnell, wu's Streichholz steht!"
„Im Schrank, do findscht e nei Baket!
Beeil dich Chrischtjan, unser Bäwel,
Die muß mol — un ich finn kee Häwel!"

Un widder fang ich a(n) ze suche
Un in de Dunkelheit ze fluche!
Jetzt greif ich aa noch ins Schilee
Un 's Wasserblech fliegt uff mei(n) Zeh!
Wu treibt sich bloß des Streichholz rum?
Mein Gott, jetzt fallt die Millich um!
„Im Schrank, do findscht's!" Mei(n) liewi Fraa,
So ebbes, des is leicht ze sa!
Schun werd mer's weh, ich braicht en Schnaps;
Do fiehl ich was; hurra, ich hab's!
Wahrhafdisch, 's is es, ich bin reich!
Jetzt hab ich Kerz un Feierzeich!

Doch mitte in dem frohe Schreck
Leicht 's Licht uff owe an de Deck!
Des Nachtgewitter, meiner Trei,
Loßt no un is schun fascht vorbei.
Gottlob is nix bassiert am Haus!
Doch in de Wohnung, do sieht's aus,
Als ob de Blitz mit aller Macht
Zwä-, dreimol ei(n)gschla' hett heit nacht!

Gute Vorsätz

's werd an Silveschter, weil's grad baßt,
So mancher gute Vorsatz gfaßt.
In Kusel, Derkem, Edekowe
Dut alles Besserung gelowe.
„Im neie Johr" so segt de Babbe,
„Will ich mei(n) Schulde all berabbe!
Uff's Wertshaus peif ich jetzert druff,
Mei(n) Lotterlewe, des heert uff!
Bloß samsdags, heegschdens, gibt's noch Wei(n),
Un 's Raache schränk ich jetzert ei(n)!
Ich will die Mamme nimmi schelte;
Ehr Mänung, die soll aa jetzt gelte!"

Un aa die Mamme nimmt sich vor,
Recht lieb ze sei(n) im neie Johr
Zum Babbe; nimmi wie en Drache
Dem arme Männel Zores mache,
Wann er mol owends bissel speet
Aus seiner gschäftlich Sitzung geht!
Un driwe mit de Nochbersleit,
Do will se sich vertra' ab heit!

De Babbe awer samt de Mamme,
Die schwören an Silveschter zamme:
Die siwe Kinner reichen aus!
's soll nit noch meh Gekrisch ins Haus!

Die Kinner, die gelowen fei(n),
Bloß artig noch un brav ze sei(n)!
De Micke Fliggel rauszerreiße
Un Fenschderscheiwe nei(n)zeschmeiße,

Des wollen se jetzt unnerlosse!
„Zu Lebdag nimmi gibt's so Bosse!"

Un die Regierung, liewe Leit,
Gelobt uns hoch und heilig heit,
An Lohnerhöhung ball ze denke
Un alle Steiere ze senke!
Un aa die Preise — sie will's zeige —
Die sollen jetzert nimmi steige!

Wie's kummt? Die Schulde bleiwen steh!
De Babbe hot's noch oft „im Tee"
Un blotzt aa weiter, wie en Schlot.
Die Mamme schilt en aus hernoht!
Un mit de Nochbern bleibt de Zores
(mer häßt sich grad wie vorher „Chores")!
De Klapperstork kummt widder sachte
Un macht aus denne siwe achte!
Manch Fenschterscheib geht hi(n) im Haus,
Mer reißt de Micke Fliggel aus!
Korzum, mer treibt's wie's letscht Johr heiter!
Un aa die Preise steigen weiter!

Un des is vielleicht aa viel rechter,
Weil sunscht wahrscheins am negscht Silveschter
Ken Mensch vun Zell bis Edekowe
Hett Grund for Bess'rung zu gelowe!

Mer hen Telefon!

Bravo! 's is gschafft! Mer sin soweit!
Jetzt gheern mer zu de bessre Leit!
Mer sin jetzt ebbes! Heerscht's am Ton!
Jawohl, mer hen jetzt Telefon!

Im Telefonbuch als Beweis,
Do steht mein Name schwarz uff weiß.
Do kann en mit un ohne Brill
Jetzt jeder lese, wann er will!
Mer stehen uff de dreißigscht Seit;
Un zwische lauter gute Leit.
Z'erscht kummt der Owerlehrer Klack,
Deno de Bürgermeischter Knack.
Un dann kumm ich, de Gottlieb Knoch,
Dann erscht de Bankdirekter Koch!
Stellt eich mol vor — gell do verschreckt er? —
Zuerscht kumm ich — dann de Direkter!
Na ja, ich bin im ABC
Halt bissel besser uff de Heh!

E Telefonbuch is was Scheenes;
Do sehn die Leit: Mer is nix Kleenes!
Mer is kee Chores un ken Cloon,
Mer hot jo schließlich Telefon!

Un jetzt, jetzt ruf ich alles a(n):
In Münche driwe unsern Scha(n),
In Frankfort drowe unsern Kall;
Die werren Aache mache all!

Dann die alt Blunz, die Schneidern Mayer,
De uffgeblose Schmitt aus Speyer;
Die ganz Bagasch, wu uns nit grie is,
Muß an die Stripp — wann's aa e Mieh is!
Ich werr ab heit mol richdisch prasse!
Des Pöbel soll vor Neid erblasse,
Daß ich, de kleene Gottlieb Knoch,
E Telefon hab seit re Woch!
Un kens in Schwarz! Nee schwarz-vulgäre
Sin bloß for's Volk do, for's ordnäre!
Nee, unsers is feudal direkt:
Crem, mattweiß-beesch, Schleiflack-Effekt!
Schad, daß des dort am anre Enn
Die Neidhämmel nit sehne kenn!

Mer is kee Chores und ken Cloon!
Mer hen e weißes Telefon! —

Des war am vierezwanzigscht Mai.
Vier Woche sin seitdem vorbei.
Grad hot mer unser Briefbott Docht
Die Telefonrechnung gebrocht.
Ich mach se uff — na des is stark:
Sechshunnerteenezwanzig Mark!
Mein Liewer, des macht mich bankrott!
Des kann nit stimme, liewer Gott!
Ich hab doch heegschdens — hol's de Schlag —
Als verzisch Gspräche gfiehrt am Dag!
Gewiß, oft warn se bissel lang.
Na ja, im erschte Iwerschwang!
Doch schließlich frog ich mich agrad:
For was hoscht dann den Abberat?

Un Bruljes mecht mer aa gern mache!
Doch soo'n Betrag! 's is nit zum Lache!
Sechshunnert! Des is mein Ruin,
Wu ich finfhunnert bloß verdien!

Na ja, do sin — 's summiert sich glei —
Noch A(n)schluß un Mondasch debei!
Un 's w e i ß e Telefon pro Woch
Koscht zwanzisch Knippel extra noch!
Mensch Meier, ich bin doch ken Cloon!
Was brauch ich weißes Telefon?

Na ja, ich kennt jo bissel hufe;
Braicht nimmi so oft a(n)zerufe.
Die ganz Bagasch vun de Verwandtschaft
Un aa die Blos vun de Verwandtschaft,
Die wissen jo zum guten Enn,
Daß mer e Telefon jetzt hen!
Un daß die platzen fascht vor Neid,
Is mir sechshunnert wert, ehr Leit!
Mer sin kee Chores un ken Cloon!
Nee, mer behalten 's Telefon! —

Sechs Monat sin vorbei inzwische.
Die A(n)rufsucht is längscht gewiche.
Mer telefoniern heit, ohne Spott,
Nit öfders, als mer's needisch hot!
Un trotzdem is mir alleweil
Des Telefon en rechter Greil!

Am finfe morgens, wie zur Strof,
Schreckt mich die Klingel aus em Schlof.

Du fluchscht un rennscht dorch's ganze Haus
Barfuß zwä Treppe unnenaus;
Schlagscht 's Schiebee(n) a(n) un 's Knöchel aa,
Hebscht ab un rufscht: „Hier Knoch, wer da?"
Dann heerscht am anre End gequeelt:
„Verzeihung, ich hab falsch gewählt!"

Hockscht mol vorm Fernseh-Abberat
Un 's gibt en scheene Krimi grad,
Schellt in dem Aacheblick genaa,
Wu 's rauskummt, wer de Mörder war,
Dei(n) dabbisch Telefon wie närrisch.
Muscht dra(n), die Schell, die ruft dich herrisch!

Un was is los: Die Dante Katsche
Segt, sie hett jetzt grad Luscht zum Quatsche!
Un dann, dann redd se in eem Satz
Vum Rhämadis vun ehrer Katz,
Wie gut die Welt vun frieh'r doch war,
Vum Unkel seim Bronchial-Kadarrh ...
Un in de Stubb drin geht behend
De Krimi ohne dich zu End!
Erfahrscht nie vum Herr Kommissar,
Wert jetzt der schlechte Spitzbu war!

E Telefon? O liewer Gott,
Des kann e Qual sei(n), wann mer's hot!

Hockscht in de Badwann voll Passion,
Schun rabbelt widder 's Telefon.
Was mache? Soll ich naß un nackisch
Dorch 's kalte Haus jetzt renne zackisch?
Ach was, ich bleib im Wasser hocke!
Ich loss mich doch im Bad nit schocke!

Doch's Telefon, des rabbelt weiter.
Wer wäß, vielleicht wär's trotzdem gscheiter
Mol dra(n)zegeh! Vielleicht is' wichtig...
Ich raus — uff jed Textil verzicht ich.
's Badwasser schwabbt uff unsern Bodde;
Batschnaß renn ich mit Fieß, mit blodde
An's Telefon im unnerscht Stock.
Un wie ich aushenk — schweigt die Glock,
Dann 's henkt am anre End, o mei(n),
Der, wu gerufe hot, grad ei(n)!

Ich zitter in re Wasserlach
Wie Eschbelaab am Speyerbach
Un wäß ab heit: Ich bleib de Cloon
Un Sklave vun meim Telefon!

Ebbes
iwer neimodische Ferz

„Emanzipiert"!

Die Fraue hen — des fin ich schenner —
Heit 's gleiche Recht, als wie die Männer!

Friehr hot die Fraa gekocht un gstrickt
Un hot deheem ghockt un hot gflickt,
Derweil ehr Mann im Wertshaus driwe
Sein Wei(n) trinkt sechs Stunn odder siwe!

Heit is die Fraa emanzipiert,
Geht mit ins Wertshaus u(n)scheniert!

Hot friehr eens gheirat delikat,
Do hot die Nochberschaft als gsat:
„Des junge Fräche is in Butter,
Des kann schun koche, wie sei(n) Mutter!"

Heit segt mer vun re Braut voll Gschnadder:
„Die kann schun saufe, wie ehrn Vadder!"

Die Ersatzzeit

Wann frieh'r 'me Mann, dem arme **Dropp**,
Die Hoor ausgange sin am Kopp,
Hot er a Glatz ghat voll Gezuckel,
So glänzisch, wie e Biljard-Kuggel.
Heit awer tregt er voller Glick
Uff seiner Glatz e Hoorperick!
„Perick" hor er nit 's Herz ze sage,
E „Tupeh", segt er, det er trage!

Die zwätte Hoor, die dritte Zäh
Un die viert Fraa — was willscht noch meh?

In friehrer Zeit, ich sag's eich glatt,
Wer do nix ghat hot — hot nix ghat!
Sin heit dei(n) Reize am Verbliehe,
Kannscht alles, alles kinschtlich krieje:
Die Hoor, e Glasaach un die Zäh!
Sogar en Buse hibsch un schee!

Bloß nachts, do kummt — wann ich eich sag —
Die „nackte Wahrheit" an de Dag!
Do liggt mer dann im Bett — un wie! —:
Kee Hoor, kee Zäh, kee Schaumgummi!
Entrimpelt is mer, flach un mager;
Vorm Nachtdisch liggt 's Ersatzdeillager!
Un do dra(n) sieht mer u(n)beroche:
's is die Ersatzzeit ausgebroche!

Unser Mädcher

Wann ich bei Dag un aa bei Nacht
Die pälzer Mädcher so betracht,
Mit rote Bäckcher, süßem Mailche,
Wu lache kennen manches Weilche,
Die wu dort rund sin lieb un fei(n),
Dort wu se rund aa missen sei(n),
Un die wu schlank sin voll Figur,
Dort, wu's aa hi(n)gheert vun Nadur,
Denk ich: Betracht se in de Klädcher!
's geht doch nix iwer unser Mädcher!

Wie ich im Fernseh' Dag un Nacht
Manch Sportathletin hab betracht,
Wu bei Olympia is gschwumme,
Sin mer die Träne beinoh kumme!
Dann dort, wu's rund hett misse sei(n),
War Sehn un Muschkel bloß — o mei(n),
Mit Schultere, wie Möbelpacker!
Un des bei fuchzehjähr'sche „Racker"!
Die werren selbscht in schenschte Klädcher
Kee u(n)beschwerte, frohe Mädcher!

Wann ich bei Dag un aa bei Nacht
Die pälzer Mädcher so betracht,
Vun was sin die so schee gebaut?
Vun Lewwerknepp un Sauerkraut!
Die „anre", die hen ehr Figur
Vun Uffbau- und Hormone-Kur!
Die stemmen Hantle als aus Eise,
Sunscht kenn' se kee Rekorde schmeiße!
Dann stehn se do in ihre Klädcher,
Die arme hochgezüchte Mädcher!

Wann ich bei Dag un aa bei Nacht
Die pälzer Mädcher so betracht,
Do denk ich: Eier Sport un Spiel
Macht froh un gsund — des is e Ziel!
Des anre awer macht verbisse;
Bei eich häßt's „dirfe" — dort häßt's „misse"!
Ehr brauchen, uff de eene Seit
Zum Schwimme zwar e längri Zeit,
Doch dofor bleibt ehr in de Klädcher
Nadierliche un liewe Mädcher!

Ob's halt?

Mer machen unsern Ausflug heit
Dorch Wald un Flur un Feld.
Zum Wannre lockt's mich jederzeit
In Gottes weiti Welt!

Die dunkle Wolke gfalln mer nit!
De Wind weht schun ganz kalt.
Zum Himmel guck ich alle Ritt:
Ehr liewe Leit, ob's halt?

E Haisel bau ich mer — o Glick!
Die Maurer dun sich ploge.
Un mit 'me Sääl, nit arisch dick,
Wern Backstee(n) nuffgezoge.

Schun krext de Strick bei dere Lascht.
Die Stee(n) hen Mordsgewalt.
Un alles guckt voll Schrecke fascht:
Ehr liewe Leit, ob's halt?

De Unkel Philp is do aus Kiel.
Sein Wei(n)dorscht, der is groß.
Debei verträgt er garnit viel!
Was werd des gewe bloß?

Grad siwe Schobbe hot er jetzt.
Die Ladung is geballt.
Er worgst — un alles denkt entsetzt:
Ehr liewe Leit, ob's halt?

Die Preise schnerren nuff, wie nix!
Un jeden Dag werd's doller.
Ob Butter, Brot, ob Fläsch, ob Wichs,
's hot alles De-Mark-Koller!

Betracht ich mer in meiner Hand
Die Schei(n) vun schmaler Gstalt,
Piepst's irgendwu in mein Verstand:
Ehr liewe Leit, ob's halt?

„Schittelfroscht"

Was war als friehr — des sin kee Dräm —
E nettes Dänzel so bequem.
Rhei(n)länner odder gar en Schiewer,
Des war Erholung als, mein Liewer!
Doch sieht mer heit die Mensche danze,
Meenscht grad, die hetten Fleh un Wanze!
Die scheint's ze beiße un ze jucke,
Dann sie verrenken sich meschugge!
In Nord un Sied, in Wescht un Oscht
Danzt alles wie im Schittelfroscht!

Mein Freund, eens-sechzisch, klee un dick,
Der hot e Freundin jetzt zum Glick!
E Mädche, so eens-achtzisch lang;
Uff pälzisch segt mer „Bohnestang".
Die zwä, die dun, anstatt ze schlofe,
Nachts liewer uff'm Danzborm schwofe.
Un wie die danzen, meine Herrn!
Nit so wie friehr — nee ganz modern.

De A(n)fang is als noch manierlich:
Er leggt sein Kopp grazjees un zierlich
Grad in ehr Herzgrub nei(n) beim Schritt
(For weiter nuff, do langt's em nit!)
Doch pletzlich wackelt er un sie
Korz mit em Berzel her un hie.
Un jetzt, mein liewer Freund, werd's ernscht;
Drum bass schee uff, daß d' aa was lernscht!

's Gewackel, des werd schnell un schneller;
Die Bee, die gehn, wie so'n Probeller.
Sie schnickeln, schnackeln, drehen sich,
Dezu heerscht laute Urwaldkrisch!
Sie ringeln sich grad wie die Wärm
Un machen Ringkämpf mit de Ärm!
Jetzt nimmt er sie an de Krawutsch,
Daß d' meenscht, im Nu, do wär se futsch!
Doch sie, nit faul, packt zu — o Graus —
Un kuggelt ihm de Arm jetzt aus!
Sei(n) Bee, die spritzen vor, zurick,
De Schlips henkt dorchgewäächt im Knick,
Sie stumpt ihn weg, er hokelt sie,
Dann tritt sie ihm an Schie(n)bee hie!

Die Hemde babben schun ganz bees.
Er hot e Gsicht, wie weiße Kees.
Ihr klappert schun 's Gebiß — un wie! —
De Neilonstrump ritscht unner's Knie!
Jetzt krimmen se zum Zeitvertreib
Im Rhythmus als de Unnerleib,
Daß d' meenscht, sie deten voller Weh
Grad vorm verschlossne Örtche steh!

Vum Schlachtfeld wanken dann die bääd!
Un sie sin selig un voll Fräd,
Dann 's Glick uff dere Welt, mein Schnucki
Häßt Kassatschock un Buggi-Wuggi!

Modekrankheit „Ismus"

Ob ich e Zeidungsblatt uffschlag,
E A(n)sprooch heer im Bundesdag,
Uff Schritt un Tritt voll Fanadismus
Schreibt mer un redd mer vun 'me „Ismus"!
Vun Realismus, Kummenismus,
Vun Athe-, Hero-, Schowinismus!
Mer „ismust" mit 'me Schlagwort heit,
Ken Mensch versteht, was es bedeit!
Mer heert's, nickt eifrig mit em Kopp
Un bleibt en dumme, arme Dropp!

Im Parlament un in de Bah(n),
Un selbscht im Wertshaus newedra(n)
Werd dischbediert voll Opdimismus
Vun dem un dann vun sellem „Ismus"!
Un wann zum Zahnarzt 's alt Gebiß muß,
Mer kämpft fanatisch for sein Ismus!

E Ding mit „ . . . ismus", Freund erlaucht,
Des hot noch selte was gedaucht!
De Schorsch macht oft deheem Tumult;
Alkoholismus is dra(n) schuld.
Bürokratismus, Freund, geb acht,
Hot eem die Hell schun häß gemacht.
's Fräun Lisbeth hot — des war en Schlag —
Was Klennes grieht am Dunnerschdag.
Un jeder segt, daß d i e Affäär
En Fall vun Fatalismus wär!

De Bund rääst oft in Patriotismus.
De Karl flucht, weil er zum Kommis muß.

Er muß dezu trotz Drückidismus!
Die HDV werd Katechismus!
Er schilt uff Leber un de Fiskus
Un exerziert trotz Rhämadismus!

Die Welt is voll vun Idiotismus;
Schei(n)heilig is se, voll Sadismus!
Mer predigt Pazifismus groß
Un meent Militarismus bloß!
Vun Idealismus fandasiert mer
Un Egoismus praktiziert mer!

Mer spielt mit em Atom — o Gott —
Bis alles de „Dallismus" hot!
Kannscht dich nit wehre bis zum Schluß,
Dann 's End vun „Ismus", des häßt „mus(s)"!
Un mer, ich sag's eich voll Zynismus,
Sin Opfer vun dem ganz „Beschißmus"!

Die jugendliche Bärt

Ich kenn en nette Mann voll Schwung,
So neunzeh odder zwanzig jung.
Sei(n) Gsicht is ebemäßig schee.
En hibscher Kerl vun Kopp bis Zeh!
Finf Monat hab ich jetzt den scheene
Un junge Mann ball nimmi gsehne.
Ich denk mer: Na, der is jetzt fort,
Schafft auswärts an me anre Ort!

Heit morge, ich bin leicht betroffe,
Is er mer in de Weg geloffe.
Des häßt, zuerscht war ich nit sicher.
Drum hol ich mer mein Brillewischer,
Guck mern dann a(n) un denk: O mei(n),
Die Gstalt, die Greeß, des muß er sei(n)!
Doch 's Gsicht, des ebenmäßig scheene,
Des war verhunzt. So was muscht sehne!
En Schnorres un en Bart sogar!
Veru(n)ziert war er, schauderbar!
Wär's noch e Schnerressel, schee keck,
E Bärtche unnerm Kinn als Fleck!
O nee, sei(n) Gsicht, des war versaut
Per Schnorres, Marke Sauerkraut.
Un unne an seim Griebcherskinn
En Urwald mit Liane drin!

Der Zwanzischjährig — beinoh ächz ich —
Hot jetzt gewirkt wie neunesechzig.
Mit dem möcht ich — un det er winke —
Im Wertshaus nit aus eem Glas trinke!

Ganz unner uns: Ich bin ken Schode
Un wäß, Jungmännerbärt sin Mode!
Sie woll'n kee Kinnergsichter heit;
Sie wollen Männer sei(n) beizeit!

Bärt kennt mer katalogisiere,
Dann hunnert Sorte kannscht studiere:
's gibt Kinn- un Backebärt un „Micke",
En Tirpitz-Bart dut manchen schmicke.
's gibt Marke Marx un Wilhelm Busch
Un Brombeerbärt bis in die Gusch.
's hot Schnerres Kaiser-Wilhelm-Art,
's hot Zeppelin- und Menjou-Bart.
's gibt Vollbart, der verdeckt de Krage,
Do braucht mer kee Krawatt ze trage.
's hot Schnerres, die wern hochgezwirbelt
Un anre nunnerzus gewirbelt.

An manchem Gstrüppbart siehscht vermesse,
Was 's gewe hot zum Middagesse.
Un mancher junge Mann vun Art
Tregt Knewwel- odder Sträßelbart.
Un die, wu ganz modern heit sin,
Die tragen mutig „Ho-Tschi Minh"!
Des is ken Backebart, o nee,
Des is en Gäßebart nit schee!
(Aa Damebärt gibt's regulär,
Doch die, die gheeren nit doher.)

's hot schwarze Bärt un blonde Bärt,
's hot rote un brünette Bärt.

Bloß graue — wie de Päffel-Schmidt —,
Nee graue Bärt, die siehscht heit nit!
Dann, wann se älter wern, die Herre,
Do woll'n se widder jünger werre!
Dann macht 's Rasiermesser schwabb-schwabb!
Die Zeit is rum! De Bart is ab!

De Flohmark

Vor fuchzisch Johr, 's wäß jeder Schode,
Do war de Flohzirkus in Mode.
Do hen dressierte Flöh mit Klädcher
Als Wäggelcher gezo mit Rädcher,
Hen Reitschul gfahre winzisch klee;
Per Lup hoscht des als kenne seh!

Die Flohzirkuszeit is vorbei.
Doch gibt's e Unnernehme nei;
In Land un Stadt, in Stadt un Land
Is des als „Flohmark" bloß bekannt.

Ich wäß nit — der ich viel geräst —
Warum der Flohmark Flohmark häßt.
Oft guck ich als dem Treiwe zu;
Mit Flöh hot der Markt nix ze du.
Des is en Trödlermark voll Mache;
Verkaaft wern do uralte Sache.
Un der Erlös vum „alte Dreck"
Dient meischdens als 'me gute Zweck!

Un des Johr, uff de Kerwe drunne,
Hab ich en Flohmark-Großstand gfunne.
Zu kaafe gibt's do, sag ich eich,
Zeh Rumpelkammere voll Zeich.
Friehr hot mer den Schamott vum Haus
Als in die Müllkipp gfahre naus
Un hot finf Mark bezahlt am Enn,
Daß die den aa genumme hen!
Heit werd's verkaaft mit viel Gewinn!
Was hen die Kaifer bloß im Sinn?

Viel Leit stehn um den Stand erum
Un gucken uff des „Alderdum".
E Biggeleise werd empfohle,
Uralt — des heizt mer noch mit Kohle;
E Bettflasch (Griespa[n] mit paar Delle),
Pulswärmer handgstrickt finf Modelle!
En alde Biedermeier-Schlips,
En Kaiser-Wilhelm-Kopp aus Gips
Un weitere Gipsköpp noch e Reih
(de Goethe, der is aa debei);
E Bild mit Engelcher un Ranke,
Wu in re Schlofstubb friehr hot ghanke;
En Bierkrug weiß-blau, wie mern kennt
Un mit 'me Bild vum Prinzreschent.
Uhrkette un paar alte Zwicker
Un dausend anre alte Sticker!

Uropa Meier, sechseachtzisch,
Steht direkt vor mer un betracht sich
Die Sache aus de alte Zeit
Un frät sich driwer, wie nit gscheit.
Uff emol schießt er uff was los!
„Do liggt die selb Schnuppduwaksdos,
Wie ich se ghat hab! 's is ken Bluff!"
Er nimmt se, macht de Deckel uff;
Do sieht er 's Monogramm voll Feier:
„O. M." — ganz deitlich: Otto Meier!
„Mei(n) Duwaksdos! Des is die Höh!
Die hab ich neunzehhunnertzeh
Kaaft uff de Kerwe miss' ner wisse!
Seit achtzeh du ich se vermisse!
Do liggt se widder! Des is stark!
Ich kaaf se! Do sind zwanzisch Mark!"

So hot de Opa u(n)beseh
Sei(n) Kerwestick vun anno zeh
Heit anno sechsesiebzisch anne
Vun neiem uff em Fescht erstanne!
De Kreis is gschlosse wunnerbar!
Heit spielt die Kerwe „Antiquar"!
Uropa Meier laaft jetzt los,
Kaaft sich en Schmalzler for sei(n) Dos
Un schnuppt un niest un guckt voll Glick
Uff's scheene Flohmark-Kerwestick!

Die „Compjuder"

Friehr hen ehr ganzes Lewe anne
Beamte an ehrm Stehpult gstanne.
Un anre, die hen a(n)gemesse
Am Schreibdisch-Pult per Drehstuhl gsesse,
Hen mit em Köppche garandiert
-zig Reihe Zahle uffaddiert
Un Schreiwe gschriwwe mit de Hand
Im ganze deitsche Vadderland.

Un speeter naus hot mer dann glatt
Aa noch die Schreibmaschine ghat.
Un noch was speeter griehn die „Sippe"
E Ding, for Zahle nei(n)zetippe!

Des hot gelangt uff jedem Amt;
Des war ehr „Werkzeich" insgesamt.
Un alles annere hot sacht
De Kopp, die Hand, de Mann gemacht!
Un 's Volk hot ohne Unnerschied
Beizeit sei(n) Gas-Licht-Rechnung grieht,
Wie sich in seller Zeit des gibt:
Im Kopp gerechent, handgetippt!
Un hot mer vum Finanzamt glatt
Mol was zurickzekrieje ghat,
Do war Bescheid un Geld un so
Trotz Handarweit im Nu als do!

Heit awer, in moderne Stunne,
Hot mer „Compjuder" jetzt erfunne!
E Ding, des wu mer „programmiert",
Wu jedes Kunschtstick exerziert,

Wu in eener Sekund voll Jacht
Stick dausend Rechenvorgäng macht,
Wu schreibt un speichert voll Gebare
Im schnellschde Hopplahopp-Verfahre!
Un die Beamte, o herrjeh,
Sin heit kee Fedderfuchser meh!
Die sin heit „Locher", „Programmierer",
„Elektro-Date-Installierer"!

Warum des alles? 's werd intakter!
Jetzt geht's viel schneller un exakter!
So segt mer wenigschdens dohi(n).
Doch leider is des Theorie!

Heit griehn in Stadt un Land die Leit
Ehrn Rente-, Steier-, Sachbescheid
Vun dem Compjuder maschinell
Gerechent un aa gschriwwe schnell,
Viel speeter als zur Zeit, wu sacht
Mer sowas mit de Hand gemacht!
Un vum Finanzamt gar mei(n) Geld
(ich hab en Ausgleichsa[n]trag gstellt),
Is per Compjuder u(n)benumme
Ge sunscht e ganz Johr speeter kumme,
Weil alle Ämter drauß' un drinn
Die Sklave vum Compjuder sin!
Un sowas — iweraal kannscht's lese —
Dut heit die Menschheit „Fortschritt" häße!

Die Reform

Mer liest's un heert's in vieler Gstalt:
's rauscht mächtig im Behördewald!
Do dut mer jetzt an alle Ecke
Verwaltunge zusammelegge,
Löst Ämter uff in jedem Land
Vun Bayern bis zum Nordseestrand.
Uff „gut Deitsch" häßt mer die Aktion
„Reform" un „Zentralisation"!
Doch meischdens wirkt sich's runderaus
For alle Bürger schlechter aus,
Dann die hen jetzert insgesamt
En weitre Weg zum negschde Amt!

Ich meen, domit des funktioniert,
Gheert ganz wu annerscht reformiert:
Die Gsetze mißten allgemei(n)
Ee(n)facher un verständlich sei(n)!
Was die in Paragraphe-Netze
Ausbrüten heit an neie Gsetze,
Verschnärkelt un verklausuliert
Un raffiniert verkumpliziert,
Daß es beim Lese eem stoßt uff,
Des geht jo uff kee Kuhhaut druff!

Ken Mensch kann heit bei denne Sache
Sein Steierkram allee(n) noch mache!
Ken Bürger kann uff dem Gebiet
Sei(n) Rent norechne, wu er grieht,
Weil unser Paragraphe heit
E Urwalddickicht sin, ehr Leit!

Bei dem Bürokratie-Theater
Braucht jeder extra sein „Berater",
Un uff de Ämter, uff de gsamte,
Brauchscht noch emol soviel Beamte,
Daß aa der komplizierte „Mischt"
Schee fertig werd bis zu der Frischt!

Brauchscht außerdem heit vorneweg
For jeden allerklenschte „Dreck"
Sechs Formulare mit zwelf Stempel,
Zeh Unnerschrifte un so'n Krembel,
Genehmigunge, Sichtvermerk!
Wem stehn do nit die Hoor zu Berg?!

Do setzt mol eiern Howwel a(n),
Dann hen ehr erscht was Gscheits geda(n)!
Macht Gsetze, wu mer aa versteht,
Daß jeder wäß, um was sich's dreht!
Wu eefach sin for jed Büro!
De Staat grieht sei(n) Geld so un so!
Verlangt nit for en simple Zweck
Drei Frageböge un so'n „Dreck"!
Dann braucht ken Mensch so oft zum Amt.
Ee(n)facher werd's dann insgesamt,
Der ganze Abberat werd klenner
Un billiger! Wär des nit schenner?

Deires Frauezimmer!

Germania, ich sag der's immer:
Du bischt e deires Frauezimmer!
Du werscht so ibbisch un so fett
Un tregscht e deieres Korsett!
E Preis-Korsett nit stopp-gebunne,
Des ritscht bloß nuff un nie no unne!

Du hoscht dei(n) gudi De-Mark zwar
Schun uffgewert als ganz un gar,
Doch all die Preise voll Ela(n),
Die steigen trotzdem widder a(n).

Germania, gutes, altes Haus,
Wie hoch willscht du dann als noch naus?
Verkält dir jo bei denne Schritt
Dei(n) nackisch-blanki Schulter nit!
Zieh mol was anres a(n), du „weise",
Als immer immer bloß die Preise!

Gewiß, du haltscht dorch so en Stuß
Die Lohn- un Preis-Spiral in Fluß.
Schun liest mer in de Press, de gsamte:
Gehaltserhöhung for Beamte!
Dann steht noch fetter drin, wann's geht:
De Drucker-Ecklohn werd erhöht!
Un glei druff liest mer iwerall:
Meh Lohn will die IG Metall!
Doch no de Lohnerhöhung groß
Werd alles widder deirer bloß!

Germania sag: Is des normal?
Wu bleibt dann do noch die Moral?
Kann sich en Mensch bei dere Blähung
Noch fräe iwer Lohnerhöhung?
Werd nit de Mensch, wu kreicht un fleicht
Bloß opdisch jeden Dag gedaischt?
Die Zahldags-Dutt is bloß en Kropp,
So dick als wie en Wasserkopp:
Ganz prall un rund un gut genährt,
De Inhalt leider nit viel wert!

Germania, merk der die Moral:
Bieg Preis un Lähn mol uff normal,
Sunscht wern mer allminanner heit
Zu arme, arme reiche Leit!

Ebbes
zum Nodenke

'n Abbel

En Abbel hab ich gholt,
So dick un rot un rund,
So lieblich un so gsund!
En Abbel, wie gemolt.

Voll Luscht beiß ich do nei(n).
Pfui Deiwel! Faul un wääch
Un wormisch is sei(n) Flääsch.
Des auße war bloß Schei(n)!

Un seh ich ab und zu
E herzisch, rosisch Gsicht,
Loßt mer die Abbelgschicht
Noch heitzudag kee Ruh!

Die Dokderrechnung

De Müller is en reicher Mann,
Der wu sich ebbes leischte kann.
Was leischte dut er sich fascht immer!
Heit war's e Schweinshax — soo en Trimmer!
Uff eemol worgst er un er hechelt,
Er grieht kee Luft meh un er röchelt!
En großer Knoche jedenfalls,
Der steckt em quer verklemmt im Hals.
„En Dokder brauch ich!" japst de Müller.
„Jess, ich verstick jo!" heerscht sei(n) Brüller.
„En Arzt, en Dokder!" kreischt er schrill,
„Der kann grad koschte, was er will!"

No zeh Minudde odder so,
Do war aa schun en Dokder do.
„Herr Dokder dabber!" ruft er aus,
„Sunscht sterb ich! Schnell de Knoche raus!
Sie krien aa, was se wolln, vun mer!
Bloß dabber raus aus der Miseer!"

De Dokder holt sei(n) siwe Sache.
Er fahrt em Müller in de Rache
Mit Zang un Schling; er robbt un zerrt.
De Müller hot sei(n) Maul uffgsperrt
Un zittert. De Herr Dokder zieht ...
Bums hot ern haus, de Steerefried!
De Müller greift sich an de Mund,
Befihlt sein Hals bis hi(n) zum Schlund!
„Gottlob, ich bin gerett!" frohlockt er.
„Was schuld ich Ihne jetzt, Herr Dokder?"

De Dokder iwwerlegt, dann sat er
Un grinst sich eens bei dem Theater:
„Ich möcht die Hälfte bloß vum reale,
Wu Sie bereit warn, mer zu zahle
Vor paar Minutte, wie voll Gfahr
Der Knoche noch im Hals drin war!"

Gsund un reich

Gsund sei(n) un reich! Des is e Ziel!
Gsund is de Kurt — Geld fehlt em viel!
Doch außer Gsundheit hot er Kraft!
Un Ehrgeiz hot er massehaft!
Drum dut de Kurt jetzt schufte, schaffe.
Er will verdiene un will raffe!
Er will e Konto, will Vermeege,
Will jedes Johr en „warme Rege"!
Er schafft vum friehschte Glockeschlag,
Gännt sich ken Urlaub Johr un Dag!
Er is noch gsund un kräftig heit!
Reich werre will er mit de Zeit!

Des geht so zwanzig, dreißig Johr.
Sei(n) Konto wachst im Banktresor.
Doch wie er reich war in de Rund,
Do war er pletzlich nimmi gsund!
Jetzt streikt sei(n) Herz vum viele Streß
Un er hot bloß noch Pille gess!
Er hot zu gar nix meh jetzt Luscht,
Dann 's sticht un zerrt in seiner Bruscht.
Un selbscht im Urlaub is er halt
Meh beim Herr Dokder, als im Wald!
Un jetzert winscht er sich — o mei(n) —
Statts reich doch widder gsund zu sei(n)!

Dem gute Mann werd's jetzt gewiß,
Daß Gsundheit zwar nit alles is;
Doch ohne Gsundheit, merkt er fix,
Nee, ohne die, is alles nix!

Wie deheem!
('n Vadder fahrt mit seim Bu dorch e fremdes Land)

„Guck Bu, den schäne lichte Wald!
Genau wie der deheem.
Siehscht dort am Weg des Kreiz, des alt,
Die Ebbel an de Beem?
Do guck, wie mascht de Wäze steht
Un wie de Wind des Rädche dreht!
's is beinoh, wie deheem!

Betracht die Wisse saftig grie!
Grad wie bei uns deheem.
Sogar des selwe Bremme-Vieh,
Des sticht un zwiwwelt eem!
Horch, wie der Hund so luschdisch bellt!
Betracht die Bauersleit im Feld;
's is denne ehr ‚Deheem'!

Un so was war mol ‚Feindesland'!
E Land, wie des deheem.
Do hot dein Vadder bis zum Rand
Verschmeert mit Dreck un Lehm
Im Schitzegrawe hocke misse,
Un gschosse hot's dorch all die Wisse ...
Wie speeter dann deheem!

Heerscht's Bu? Heit lacht mer widder froh,
Bei denne — wie deheem!
Mol is de Himmel groo, mol bloo;
Ja 's Lewe schittelt eem!
Geb Gott, daß die e langes Enn
Noch lache, säe, ernte kenn!
Die do — un mer deheem!"

's letscht Asyl

Heit holt bei uns die Müllabfuhr
De Sperrmüll ab. Des is e Schur!
Vor jedem Haus steht alter Krembel:
En Fahrrad-Rahme un e Lämbel,
En Kicheherd und e Matratz,
E Gießkann un en Unnersatz,
Korbsessel un e aldes Dor,
E Radio un e „Waschlavor",
E Schachtel mit paar alde Schlips,
En gsprungne Dichterskopp aus Gips!
Sogar de Chrischtbaam werd verbannt
Un liggt verderrt am Drotwah-Rand!

Heit hen se ausgedient, die Sache.
Heit kannscht ken Staat meh mit en mache!
Sie nitzen nix meh, sin zuviel.
De Schuttplatz is ehr letscht Asyl!

Vor Johre, was war des e Pracht!
Wie hot der „Kram" uns Spaß gemacht!
Des Fahrrad! 's allerneischt Modell;
Des hot geblenkt un des war schnell!
De Herd un des schee Lämbel aa
Warn als de Stolz vun meiner Fraa!
Un's „Waschlavor" vor verzisch Johr
War dort de allerneischt Komfohr!
Dann 's Radio! 's bescht uff dem Gebiet;
Do hot mer sogar Breslau grieht!
Un um den Dichterskopp, den gscheit,
Do hen uns alle Leit beneid!

Heit hen se ausgedient, die Sache;
Heit kannscht ken Staat meh mit en mache!
Sie nitzen nix meh, sin zuviel.
De Schuttplatz is ehr letscht Asyl!

Friehr war ich jung un voller Hoffe.
Die Welt, die ganz Welt war eem offe.
Heit awer seh ich schun mit Schrecke
Mei(n) Runzle un mei(n) Hofratsecke!
Mer sin schun nimmi gfrogt, wie friehr.
Die Junge sin jetzt im Visier!

Springt aa de Lack — loss dich nit henke;
Kumm, halt dich jung un du dra(n) denke:
Wann d' alt bischt, is er aus, de Draam,
Dann geht der's wie dem Weihnachtsbaam!
En gsprungne Dichterskopp aus Gips
Is wertlos worre ohne Grips!

Duscht nix meh nitze — werscht zuviel!
Dann bleibt der bloß noch 's letscht Asyl!

So ännert sich die Zeit!

's klee Bärbelche vum Weschterich
Un 's Schorschelche aus Böhl,
Die lieben sich so inniglich
Aus allerdiefschder Seel.

Voll Geige hängt de Himmel fascht;
Mer nennt sich „Liebling", „Schatz".
De Amor lauert uff me Ascht
Un trifft bei jedem Schmatz! — — —

Manch Johr is seitdem jetzt vorbei;
Die zwä sin Fraa un Mann.
Vier Kinner hen se odder drei,
Ich seh se dann un wann.

De „Schorschel" awer, seller Borsch,
Is schlicht un eefach heit „de Schorsch".
Un 's „liewe Bärbelche", sei(n) Fraa,
Des häßt jetzt bloß noch „Barbara"!

Die Gsundheit

Beim Arzt im Wartezimmer hock ich neilich;
's war gstobbtevoll mit sticker dreißisch Leit.
Een Mann hot große Gschwiere, ganz abscheilich,
E Kind sieht aus fascht, wie die deier Zeit!

En Bu, der humbelt an zwä schwarze Stecke.
E Mädche tregt ehrn Arm in so rer Schling.
Un dort sitzt eens mit lauter gäle Flecke;
's is noch e junges un e zierlich Ding.

E aldi Fraa, die jammert, sie hett Wasser.
Die newedra(n) klagt we 'me Magegschwier.
So geht des weiter. Jeder Fall is krasser.
Mich schittelt's, wann ich hi(n)guck un ich frier.

Die Gsundheit is doch 's heegschte Gut im Lewe!
So kummt mer's speeter widder uff de Stroß.
Gottlob war ich zum Dokder gange ewe,
E aldi Rechnung zu bezahle bloß!

's Gewitter

's is drickend häß un schwiel schun manche Dage,
Mer fiehlt sich bang un eng, wie in re Gruft.
Willscht aus de Haut! En Zustand, kaum ze sage.
En jeder spiert: 's liggt ebbes in de Luft!

Schun macht sich's trieb vum Hochwald owerunner
Un wetterleichte dut's ge Weschte zu.
Un ball druff grollt sogar vun weitem Dunner.
So brotzelt's langsam hi(n) un gibt kee Ruh.

Uff eemol awer fegt en Sturm die Gasse!
Die Blitze zucken grell, de Dunner kracht.
Un uhne Hemmung schießen Wassermasse
Uff unser Erd aus dunkler Wolkenacht.

Doch no rer Stunn siehscht widder Sunnestrahle.
Die Luft is rein, de Alpdruck jetzt vorbei.
Die Nutza(n)wendung: Dricken dich mol Quale?
Vum Herz demit, dann fiehlscht dich widder frei!

's Förderband

Am Dorfrand steht e Förderband;
Des fördert alles an de Dag:
En Fahrradrahme, Dreck un Sand.
So geht des alsfort Schlag uff Schlag.

De Bauer schmeißt mit seiner Schipp
Druff, was er find am Abfallort.
Er scheppt se langsam leer, die Kipp
Un 's Band tregt alles, alles fort.

Was sich so gsammelt hot voll Laun,
Des Förderband bringt's uff die Walz:
Wei(n)flasche leere, grie un braun.
Die Müllkipp, die liggt in de Palz!

En Kinnerwache un en Ranze,
Aus frohe Dage Schimmi-Schuh;
En Plugskarch un als Klu vum Ganze
E Gsangbuch un en Schirm dezu.

Ich guck em zu, dem Förderband,
Wie 's manches Schicksal mit sich tregt.
Des laaft un laaft; 's kummt erscht zum Stand,
Wann 's owe Feierowend schlegt.

M e i (n) Förderband rollt aa manch Weilche.
Abbremse möcht ich's mit de Hand.
Ich hoff, ich schreib noch manches Zeilche
Bis zu de letschte Schipp voll Sand!

Mei(n) Fläschelcher, so möcht ich hoffe,
Sin noch nit ausgetrunke all.
Un is die Müllkipp aa schun offe,
's pressiert nit, daß se leer werd ball!

Dank schee!

Letscht fallt mein Nochber wisawie
Doch beinoh vor mer uff die Knie
Un bettelt um e Gfälligkeit;
Er wär so in Verlegenheit.
Zwar war mer's u(n)gelege kumme;
Doch denk ich mer: „Was sollscht lang brumme?
Warscht aa schun mol e armi Laus!"
Un helf em aus de Zwickmihl raus.

Doch hett mein Nochber all die Dage
Bis heit sei(n) „Dank schee" noch ze sage.
Un so en U(n)dank ärgert mich.
U(n)dank, der geht mer ge de Strich!

Doch wie ich driwer simmelier,
Frog ich mich selbscht voll Schrecke schier:
Un du? Warscht du uff deiner Walz
Dorch's Lewe immer dankbar als?

Denk an dei(n) Mudder mol zurick.
War die nit friehr dei(n) beschtes Stick?
Als Knirps hot se no alter Sitte
Dei(n) Brot in „Reitergailcher" gschnitte.
Hoscht Fäng ze kriege ghat, kee knappe,
Hot se dich als beschitzt vorm Babbe.
Un speeter hot se der als „stumm"
Manch Markstick zugsteckt — hinnerum!
Sie war e Mudder vun Format!
Hoscht eemol „Dank schee" zu rer gsat?

Un is die Gretel do vielleicht
— dei(n) Fraa — nit heit dein gute Geischt?
Die hegt un pflegt dich noch un noch
Un kocht dei(n) Leibspeis jedi Woch.
Die zeigt's nit, wann mer se mol kränkt;
Die hot der liewe Kinner gschenkt
Un sie war immer trei un grad.
Hoscht eemol „Dank schee, Gretel" gsat?
Nee, du hoscht alles hochwillkumme
For selbschtverständlich hi(n)genumme!
War des nit alles viel, viel meh,
Als wie der Gfalle winzig klee,
Wu du deim Nochber hoscht geda(n)?
Un du, du klagscht den Mann jetzt a(n),
Der wu mol in de Zwickmihl war,
E r wär so arisch u(n)dankbar?!

De Mudder selig Dank ze sage,
Hab ich verbaßt seit Johr un Dage.
Doch mit de Gretel — ich gsteh's ei(n) —
Trink ich noch heit e Fläschel Wei(n),
Hol's „Dank schee" no, so schnell wie's geht.
Bei ehr is es noch nit zu speet!

Nemm's wie's kummt!

Es gibt in dere große Welt vun heit
En ganze Haufe u(n)zufriedne Leit.
Die hadern mit ehrm beese Schicksal bloß.
Ja, die beklagen laut ehr schlechtes Los.
Doch ännre kenn'ses nit! Drum heert mein Rot:
Nemmt's grad, wie's kummt!
Ob's frieh kummt oder spoot!

Seht her, es is uff dere bucklisch Welt
So vieles dumm un u(n)gerecht bestellt!
De eene Mensch, der spachtelt, wie e Kuh,
Dagei(n), dagaus un er nimmt doch nit zu!
Sein Lewe lang bleibt des sein Schmerz, sein herber:
Er is en spindelderrer, schmaler Sperber!
De anner widder ißt fascht nix — ich wett —
Un werd doch rund un dick un olefett!
Un wann er sich aa wehrt un werd fascht groo,
's hilft alles nix — des is Bestimmung so!

Aus fuchzisch Meter Höh un oft noch meh,
Sterzt manchmol eener un bricht nit mol 's Bee!
En annerer ritscht uff'm Plaschter aus
Un liggt am Owend schun im Leichehaus.
De Müller spielt sei(n) Lewe lang Lott'rie;
Er kaaft die Lose un gewinnt doch nie.
Em Mayer, dem kummt's aa mol in de Sinn;
Er nimmt's erscht Los — un zieht de Hauptgewinn!
Is des nit komisch, Leit un ganz verdreht,
Wie sunnerbar 's uff dere Welt oft geht?

De eene freit aus Lieb, wahrhafdisch wohr,
E junges Mädelche vun neunzeh Johr.
Paar Monat druff, wer wäß, dann is es gschehe,
Do kannscht en schun in Schwarz als Wittmann sehe!
De anner nimmt e Aldi (wu ball sterbt)
Un die wu Geld hot (weil er dann was erbt)!
Doch zwanzisch Johr deno, do is die „Schachtel"
Noch quicklewendisch, wie e jungi Wachtel!

's is alles Schicksal Freund, do kannscht nix mache!
Drumm nemm's, wie's kumt! Sei gscheit, du driwer lache!

Herz sticht immer!

's ganz Lewe is e Kartespiel;
Des mischt un des verdält die Karte.
Gewinne wolle, des is 's Ziel
Im Spiel uff unsre Erdefahrte!

De eene spielt sei(n) Spiel verwege;
En annerer, der reizt bloß sacht;
Dem eene, dem kummt's Glick entgege,
Den annere sterzt's iwer Nacht!
De gute Schorsch reizt uff de Blinne
Un hot nix in de Hinnerhand.
Er hofft, zwä Buwe drin ze finne
Un — hot meh Dussel, als Verstand!
De Emil spielt en Grang mit Viere.
Sei(n) Spiel scheint bombesicher drum.
Un 's End vum Lied: Er dut verliere!
E langi Fleet, die macht en um!
Der eene kann die Zeit abwarte
Un spielt im rechte Aacheblick.
De anner prahlt mit seine Karte
Un zwingt doch nie im Lewe 's Glick!

So spielt mer nei(n) ins U(n)bekannte.
De ee(n) werd arm, de anner reich.
Un ganz am Schluß, de „große Gsandte"
Macht allminanner widder gleich!

Bleib stets en Partner, en reeller!
Spiel ehrlich — des macht ken Verdruß.
Mit Herz kummt niemand in de Keller,
Dann Herz sticht immer — bis zum Schluß!

Un zum Schluß:
Noch Ebbes
iwer Worschtmarksgänger

Die Worschtmarks-UNO

Was is doch heit die Boledik
So u(n)gelenk un drucke;
Bloß viel Gekrisch un wennisch Gschick!
Die Welt is rein meschugge!

Mer rasselt mit em Säbel bloß
In Oscht un Wescht un Siede.
Mer geht sogar uffnanner los
Un segt, mer wollt de Friede.
Mer kreischt "Eiropa" — 's is e Schann —
Un denkt an sich bloß kläglich,
Verhetzt die Mensche, wu mer kann
Un dut schei(n)heilig däglich!

's is nit normal uff jeden Fall,
Die Welt so zu verbocke.
Die ganz Bagasch, die mißt sich all
Emol zusammehocke!
Un zwar im Pälzer Paradies,
Am Worschtmark! Des wär 's bescht!
Un nit in London un Paris,
Nei-York un Budapescht!

Uff engschdem Raum, so wie noch nie
— e Zeltdach sorgt for Kiehlung —,
An schmale Disch, schee Knie an Knie,
Grehscht jeder richdisch Fiehlung!
Beim Schobbeglas vun Hand zu Hand
Käm mer sich näher, meen ich.
Un schun am finfte Schubkarchstand
Do wärn se sich all eenisch!
Die Weiße, Schwarze un de Gääl
Den sich umhalse, lache:
„Ja waren mer dann seither schääl,
Soo Boledik ze mache?
Ab heit herrscht Friede iweraal!
Jetzt knallen bloß noch Stobber!
Wie is doch ohne Krieg und Qual
Die Welt un 's Lewe proper!

An jedem Worschtmark, merkt's eich glei,
So wollen mer's beschließe,
Do treffen mer uns stets uff's nei,
De Friede zu begieße!"

Wär des nit schee, ehr liewe Leit?
Fort wär der Streit, der dumme!
Ach käm'n die Herre norre heit!
Sie wärn uns hochwillkumme!

Die gute alte Worschtmarkspreise

E Worschtmarksschrift dut vor mer leie.
Nee nee, 's kenni vun de neie.
Im Gegedäl: Schun alt un ranzisch
Vun neunzehhunnertsechsezwanzisch!

Ich les die Uffsätz un Gedichte
Un all die scheene Worschtmarksgschichte
Mit Witz un Gritz un denk am End:
Die vor uns, die hen aa gekennt!
Un dann — vun Neugier noch gelade —
Studier ich aa die Inserate.

Wie ich die Worschtmarkspreise les,
Do werr ich wääch, wie weißer Kees:
En Schobbe Riesling Heckepad
Koscht finfesechzisch Penning grad.
En Schobbe Speetles rund un schee
Koscht achtzig Penning — un nit meh!
Zwää große Brotwerscht lukradiv
Grad verzisch Penning inclusiv!
Ehr liewe Leit, du meine Fresse,
Do hot mer kenne billig esse.
Un so e Worschtmarks-Raischel — proscht —
Hot heegschdens zwä, drei Mark gekoscht!

Heit geh ich mit 'me Trauerband
Ins Feschtzelt un zum Schubkarchstand.
Wer gstorwe is? Ich kann's beweise:
Die gute, alte Worschtmarkspreise!

Die Strategie

De Mohre Fritz is sich im klare:
Desmol werd uff de Worschtmark gfahre!
Noch niemols war er dort, de Mohr,
Trotz seine sechseverzisch Johr!
So ebbes is kee Mißgeschick,
Nee, des is schun e Bildungslick!
Drum segt er middags schun beizeit:
„Ich fahr emol uff Derkem heit!"
Druff meent die Kattel ('s is sei[n] Fraa):
„Wann du fahrscht, Freundel, fahr ich aa!"

De Fritz, er wiegt sei(n) Köbbel sacht:
„Eens muß deheem sei(n) iwer Nacht!
Zwää kenn nit aus de Wohnung naus;
Du wäscht, mer hen des Geld im Haus!
Am Mondag sin die Steire fällisch!
Un in der Zeit, in der rebellisch,
Wie schnell bricht do en Spitzbu ei(n)!
Dann sin se fort, die scheene Schei(n)!"

„Dann bleibscht halt Du deheem, mein Spitz!"
So segt die Kattel zu ehrm Fritz,
„Un ich fahr uff de Worschtmark hie!"
„Dich soll doch 's Dunnerwetter grieh!"
So schilt er jetzt fuchsdeiwelswild.
Sei(n) Kattel awer heilt un brillt;
Un endlich schnipselt se im Läd:
„Dann fahren mer halt alle bäd!"

„Un's Steiergeld?" dut er jetzt brumme.
„Des Geld werd eefach mitgenumme!

's werd in dei(n) Briefdasch schee verstaut,
Domit 's deheem jo kenner klaut!"
(Un domit finnen er un sie
E wärklich guti Strategie!)

Jetzt fahren 's Mohre (sie un er)
Zum Worschtmark mit re Briefdasch schwer,
Dann in de Briefdasch hoch un deier
Ruht's Geld for Grund- un Umsatzsteier!

Un wie's so is am Worschtmark drunne,
Mer hot glei Luscht an allem gfunne.
Mer ißt un trinkt, fahrt Achterbah(n),
Trink noch mol, guckt sich alles a(n),
Mer dut bezahle, wechselt Schei(n)
Un mecht ken Spielverderber sei(n).

Uff eemol — 's war im dicht Gedräng,
Mer zwängt sich dorch die Menschemeng —
Do merkt de Mohre Fritz voll Schreck:
„Ach Gott, mei(n) Kattel is jo weg!"
Weggschwemmt, wie in me große Meer.
De Fritz sucht zwä Stunn kreiz un quer.
Un domit hot er, wärklich wohr,
Sei(n) Schulligkeit geda(n), de Mohr.
Un weil er se nit gfunne meh,
Un Worschtmark solo aa nit schee,
Sucht halt der gute Fritz sich traut
Aus Kummer jetzt e Worschtmarksbraut!

En Mann mit Geld, wer wißt des nit,
Der is bei Fraue als spendid.

Un unser Fritz voll Edelmut
War aa bloß Mann aus Fläsch un Blut!

Wie dann die Kattel morgens frieh
Ehr Männel find (mit wääche Knie),
War glei ihr erschter Griff direkt
Zum Kittel, wu die Briefdasch steckt.
Un pletzlich werd ihr's offenbar:
Er war „ausgsteiert" ganz un gar!

So is des Geld bei dem Problem
Nit gstohle worre zwar deheem,
Un trotzdem war 's ganz Gerschtel hie!
Ja ja, die Worschtmarks-Strategie!

Die gut Absicht

En Mensch, der schlegt sich uff die Bruscht:
„Zum Feire hab ich heit kee Luscht!
Dann schließlich hab ich u(n)beroche
Schun drei Dag Worschtmark in de Knoche.
Drum will ich, ohne was ze kaafe,
Grad eemol dorch die Wisse laafe.
Dann geh ich widder heem ins Haus
Un ruh mich heit mol bissel aus!"
So sagt der Mensch zu sich genaa
Un hot die beschte Vorsätz aa.
Doch ach, die Rechnung hot er sacht
Halt ohne „Worschtmarkswert" gemacht!

Dann kaum war er am große Faß,
Do stumpt den Mensch vun hinne was.
Er dreht sich rum, do steht en Mann
Mit Fraa un noch 'me Kinnergspann,
Un ruft: „Schorsch bischt's? Mensch, kennscht mich noch?
Ich bin aus Prüm de Otto Koch!
Mer warn doch in de selb Battrie
In Rußland bei der Artill'rie!"

Der Mensch (de Schorsch, Zuname: Blech),
Guckt erscht karriert aus seiner Wesch,
Dann ruft er: „Ottel? Mensch, du Stutzer!
Du warscht doch beim Battrie-Chef Butzer!
Ja Ottel, is dann so was wohr?
Des sin jo finfedreißisch Johr!"
Sie dun sich in die Ärm nei(n)sinke.
„Kumm her, mer missen eene trinke!
Un aa dei(n) Fraa samt deine Enkel!"
Vor Luscht schlegt er sich uff die Schenkel!

Die negschte vier Stunn hockt die Blos
Am Schubkarchstand; verzehlt famos
Vun Rußland, vun de Winterschlacht
Un 's werd getrunke un gelacht,
Bis dann de Otto segt zum Schluß:
„Mer missen uff de Omnibus!"

Der Mensch mit Name Schorsch will grad
„Adscheh" sa, dort vorm Rieserad,
Do sieht er e paar gute Kunne,
Die waren aus de Südpalz drunne.
„Als Gschäftsmann" denkt er voller Bosse,
„Muscht denne eene springe losse!"
Drum gehen se zum Franzreb nei(n)
Un widder kräsen paar Glas Wei(n)!

En Mensch, wie unser Schorsch, mer wäß,
Der is bekannt im ganze Kräs,
Drum sitzen no rer halwe Stunn
Vier weitere Freunde bei em schun!
Un jetzt — 's hot ewe achte gschla —
Kummt aa die Adelheid, sei(n) Fraa.
Die hot deheem gewart voll Weh
— er wollt doch bloß mol driwer geh —.
Doch weil er nit kummt all die Stunne,
Do hot se'n gsucht. Jetzt hot se'n gfunne!

So hockt mer familiär vereint
Mit Kundschaft un manch gutem Freund
Drei Stunn beim Franzreb in de Hall.
Dann wechselt mer emol „de Stall",
Geht niwer an die Schubkarchständ,
Bis mer dann morgens frieh zum End

Am Kaffeestand — weil mer gelumpt —
Noch kräftig Coffein nei(n)bumpt,
Domit mer, wann mer heemkummt dann,
Aa glei so richdisch schlofe kann!

Un wie der Mensch dann brav un hold
— wu bloß mol driwwergehe wollt —
Die Deer uffschließt, merkt er voll Wehe,
Des „grad mol dorch die Wisse gehe",
Des hot (wann er aa drum nit trauert)
Noch meh wie siebzeh Stunn gedauert!

Un die Moral: En Mensch im Trott,
Wu gute Worschtmarksvorsätz hot,
Is grad so schlecht dra(n) voller Schreck,
Wie eens mit u(n)gedeckte Scheck!

Stammdisch „Zum starke Duwak"

's is Samsdagowend, neune jetzt,
De Stammdisch is schun gut besetzt.
De Schorsch, de Philb un all des Gschwerdel,
Die hocken grad beim dritte Verdel
Un redden, wie en Wasserfall.
Die Luft, die is zum Schneide ball!

's dut jeder vun en voll Behaache
Ball schlimmer als en Schornschde raache!
Sie blotzen alles, was mer kennt,
Vum Knaschder bis zum Orient.

Wie sa'n se als? „Der wu nit raacht
Un wu kee Verdel Wei(n) verdraacht,
Is noch nit drucke bei de Ohre
Un hot am Stammdisch nix verlore!"

Grad macht de gute Schorsch, de klug,
En lange, diefe Lungezug,
Blost no rer korze Atempaus
De Raach zum Nasloch widder raus
Un segt: „In Derkem, liewer Scha(n),
Fangt heit de Worschtmark widder a(n)!"

Un des war's Stichwort! Eens, zwä, drei
Verzehlt jetzt jeder um die Reih
Vum große Faß, de Schubkarchständ.
Die Salzsalin, sie werd genennt.
's wern alde Gschichte uffgewärmt,
De Philb noch vun de Häh(n)cher schwärmt.
Vum Feierwerk verzehlt de Scha(n).
De Anton, der erinnert dra(n),

Daß er doch vorsjohr uff een Schlag
Wär dort gewest drei Nächt un Dag,
Un daß de Worschtmark lieb un wert,
's schenscht Fescht wär uff de ganze Erd!

So dut beim Blotze un beim „Hewe"
En jeder was zum Beschde gewe.
Sie schwelgen widder wie die Junge,
In selige Erinnerunge!
Bis uff de Hannes wisawie.
Dann der sitzt do un horcht bloß hie.

Er war noch nie, wie anre Gäscht,
In Derkem uff em Worschtmarksfescht.
Sei(n) Emma, so e Schodebless
Hot nie was iwrisch ghat for des!
Un er alle(n) hi(n)geh? Oho!
De Hannes, der war gut gezo!
Drum frogt er jetzert um die Reih:
„Un eier Fraa? War die debei?"

„Die Fraa?" Ja Hannes, wu denkscht hie?
So ee(n) kannscht uff em Worschtmark grieh!"

De Hannes schlickt. Mer sieht en zittre;
Die anre dun ehr Opfer wittre.
Sie zwinkern sich noch zu voll Witz
Un fahren uff mit schwerem Gschitz!

„Wäscht Hannes", sagt de Anton ewe,
„Mer kann dort dolles Zeich erlewe!
Ich hab me hibsche Kind gewunke!
Massiv gebaut! Mer hen getrunke!

Dann hen mer gschunkelt, dun uns kisse!"
„Un dann?" will glei de Hannes wisse.
„Dann dun mer nochmol kisse, schunkle
Un gehn e bissel fort ins Dunkle!"

De arme Hannes dut sich quäle!
„Los weiter, Anton! Los verzehle!"

„Un wie mer schließlich Händ in Händ
Noch schmusen an de Schubkarchständ,
Guck ich dem Mädche recht ins Gsicht ...
Un jetzt kummt's Dollschte an der Gschicht!"

(Er nimmt drei Pfeifezüg voll Kunscht,
Des gibt so scheene bloe Dunscht!
Kee Wunner, daß der Dunscht so bloo,
Bei so me starke Duwak do!)
„Do war mei(n) Worschtmarksbraut doch gar
En weltberühmte große Star!
Un zwar war's — Freund 's sin kee Lapalje —
Lollo Bruschida aus Idalje!"

Raach dut sich kraisle in de Luft.
Am Stammdisch schwebt Virdschinia-Duft.
De Hannes lutscht am kalte Kippe;
U(n)glaibig leckt er sich die Lippe.
Dann bricht sich's Bahn! Schun heert mer'n fluche:
„Do miss'ner eich en Dummre suche!"

„Du glaabscht's nit?" dut de Anton kreische,
„Do frog de Philb, der kann's bezeiche!"

„Nadierlich", segt de Philb jetzt glei,
„'s stimmt ganz genaa, ich war debei!

Die Lollo war's, loßt eich belehre!
Drei Meineid kännt ich do druff schwöre!"
Un zur Bekräft'gung formt voll Kunscht
De Philb drei Ring aus blooem Dunscht!

De Hannes, immer noch im Zweifel,
Der trinkt un stobbt sich jetzt e Peifel
Un meent: „Ja liewer Gott, o Schann,
Wu war dann dere Fraa ehrn Mann?"

„Der", segt de Anton ganz geriwe,
„Der war deheem im Bett gebliwe!"

„'s gibt manche Fraue, wu in Schare
Allee(n) zum Worschtmark kummen gfahre!"
Schmeißt jetzt de Schorsch ins Gspräch enei(n),
„Die kummen nit bloß wege 'm Wei(n)!"

De Hannes, Strohwitwer zur Zeit,
Grieht jetzt en Schrecke, wie nit gscheit.
Sei(n) Emma war fort, bei Verwandte;
A(n)geblich bei de Kus'ler Dante.
Wer wäß! Wann die vielleicht...? O je,
Er wagt nit dra(n) zu denke meh!
„Ach was, ich werr mei(n) Fraa doch kenne!
Mei(n) Emma, die is kee vun denne!
Doch halt — Mißtraue wachst un kräst —
War die nit vorsjohr aa verräst?
Un ausgerechent, 's is zu dumm,
Aa um die Worschtmarkszeit erum!"

Er pafft un pafft un simmeliert.
Sei(n) Emma! Un so raffiniert?!
Die anre merken, was en drickt
Un wu de Has im Peffer liggt!

Sie schüren 's Feier lichterloh!
(Un war's aa gstunke un gelo!)
So segt de Scha(n): „'s is sunnerbar,
Wie ich 's letscht Johr beim Worschtmark war,
Seh ich e Fraa, ehr glaawens kaam —
Am Arm e Mannsbild, wie en Baam!
Ich guck die Fraa a(n), wie nit gscheit;
Na, denk ich, so e Ähnlichkeit!
Un hett ich nit gewißt gar fei(n),
Das des nie kann die Emma sei(n),
Dann hett ich gschwore ganz genaa,
's war unserm Hannes do sei(n) Fraa!"

De blooe Dunscht, der kraiselt sich.
U(n)hämlich still werd's jetzt am Disch.
De Hannes trifft's bis dief ins Mark.
D e r Duwak war e bissel stark!
Jetzt zittert er an Ärm un Bä(n).
„Du Schinos!" knärscht er dorch die Zäh(n).
Un dann: „Wart u(n)getreii Fraa!
Revanch! Was du kannscht, kann ich aa!
Auf Freunde, jetzt is mer's egal!
Mer fahr'n zum Worschtmark! Ich bezahl!"

Grad steigen se ins Audo ei(n);
Als Letschter will de Hannes nei(n),
Do packt doch eens den arme Dachs
Am Gnick un zieht en aus de Tax.
Un wie er uffguckt, o Herrjeh,
Sieht er sei(n) Emma vor sich steh!
Sei(n) Fraa, wu er verdamme wollt,
Sie war zurick! So trei wie Gold!

Wie's ausgeht, wollen ehr noch heere?
Na gut, ich will's eich nit verwehre:
De Hannes un sei(n) Emma bieder
Samt denne ganze Stammdischbrieder,
Die fahren jetzert knall un fall
Uff Derkem, uff de Worschtmark all
Un trinken, raachen, frei vun Sorge,
Un singen, danzen bis zum Morge.
De Hannes treibt die dollschte Scherz.
Ihm is en Plaschterstee(n) vum Herz!
Sei(n) Emma, sie war kee Kanalje.
Er nimmt se sachte um die Talje,
Trinkt z'erscht, dann macht er 'n Lungezug
Un segt gelaitert jetzt un klug:
„Ken Duwak is so stark am End,
Als daß mer'n nit noch raache kennt!"

„Gekidnept"

Em Erwin Zill schlottern die Bee!
E Welt is des, 's is nimmi schee!
Grad hot mer widder raffiniert
E Flugzeig in Athen entfiehrt.
Un in Paris is dorch paar Storre
E klennes Kind gekidnept worre!
Die Lumpe wollen Lösegeld!
Was is des heit nor for e Welt?

Er stellt sich jetzert plastisch vor,
Sei(n) Döchterle vun zwanzig Johr,
Wann die gekidnept werre det!
Sei(n) eenzisch Kind, die Annegret!
Uff eemol werd's em häß, dem Mann:
Sei(n) Annegret? Wu is se dann?
Wann hot er se zuletscht bloß gsehne?
Mein Gott, fascht kumme em die Träne!
Die werd doch nit gekidnept sei(n)?!
Sei(n) armes Kind! O mei(n)! O mei(n)!
's is Worschtmarkszeit im Derkemer Land,
Do nimmt so manches iwerhand!

Jetzt kummt er voller Raserei
Ganz fertig zu de Bolizei:
„Herr Bolizeirat, schun seit Stunne
Is mei(n) jung Döchterle verschwunne!
Die is gekidnept un entfiehrt!"
De Bolizeirat is geriehrt.
Dann segt er, ohne großi Hatz:
„Mer suchen se am Worschtmarksplatz!
Wer werd dann glei mit Köppel-Henke
An Lösegeld-Verbrecher denke!"

Sie gehn zum Worschtmark obligat,
De Erwin Zill und de Herr Rat
Un bahnen sich zu zwätt e Gass
Vun de Salin bis nuff ans Faß.
Sie gucken in die Schubkarchständ
Un gehn dorch jedi Hall behend.
Schun greint de Erwin Zill borniert:
„Ich hab's gewißt, sie is entfiehrt!"
Uff eemol segt er voller Schreck:
„Do hinne hockt se drin im Eck!"
Druff meent der vun de Bolizei:
„Un de Entfiehrer hockt debei!"

Gekidnept, wie's in BILD als steht,
Des war se nit, die Annegret.
Doch war se sicher garandiert
Mit ihrer Zustimmung „entfiehrt"!
Jetzt segt se beinoh tugendsam:
„De Karl do is mein Braidigam!"
Do ruft de Vadder: „Jemineh,
Ehr wollen heirate, ehr zwä?"
Druff werd se rot un meent beflisse:
„E bissel wolle, bissel misse!"
Do merkt de Erwin unnerschwellisch:
Statts Lösegeld werd Mitgift fällisch!

Ja, was am Worschtmark als bassiert,
Is kee Verbreche! Garandiert!

Des steht alles drin:

Ebbes iwer uns un annere Leit   Seite

Unser Bobbel	7
's Hütche	10
Wäscht noch?	13
De junge un de alte Fritz	15
Am Stammtisch	17
's Hämwehglässel	19
De Gaschtarweiter Luitschi	21
Parleh-wu Pälzisch?	23
Pälzischi Geographie	25
Alle Arte „Kuß"	27
E sparsames Gedichtel	28
Die Schwarzkinschtler	29
Die Briefmarke-Sammler	31
Beim Aage-Diagnoschtiker	33
Wie mer's nimmt!	34
Scheeni Bescherung	35

Ebbes iwer starke Wei(n) un iwer schwache Mensche

Schwache Männer — starker Wei(n)	37
Die Rundrääs!	40
De Meier un de Scheier	42
Die zittrische Händ	43
Alle bäd!	44
Periodisch	45
Unser Wei(n)götter	46
For voll genumme	46

Fraue un Wei(n)	47
De Pälzer Dorscht	47
Vum A(n)stoße	48
Wer war schun in de Palz?	48
Makaber!	49
Vun de Volle	50
Katzejammer	52
Vum Trinke un vum Küsse	53
De Kilometerzähler	55
Die feine Leit	57
Die Familiefeier	59
's Nachtgewitter	62
Gute Vorsätz	64
Mer hen Telefon!	66

Ebbes iwer neimodische Ferz

„Emanzipiert"!	71
Die Ersatzzeit	72
Unser Mädcher	73
Ob's halt?	75
„Schittelfroscht"	77
Modekrankheit „Ismus"	79
Die jugendliche Bärt	81
De Flohmark	84
Die „Compjuder"	87
Die Reform	89
Deires Frauezimmer!	91

Ebbes zum Nodenke

'n Abbel	93
Die Dokderrechnung	94

Gsund un reich	96
Wie deheem!	97
's letscht Asyl	98
So ännert sich die Zeit!	100
Die Gsundheit	101
's Gewitter	102
's Förderband	103
Dank schee!	104
Nemm's wie's kummt!	106
Herz sticht immer!	108

Un zum Schluß:
Noch Ebbes iwer Worschtmarksgänger

Die Worschtmarks-UNO	109
Die gute alte Worschtmarkspreise	111
Die Strategie	112
Die gut Absicht	115
Stammdisch „Zum starke Duwak"	118
„Gekidnept"	124
Inhaltsverzeichnis	126